Sandra Baur

Videojournalismus

Sandra Baur

Videojournalismus
Grundlagen, Instrumente, Praxistipps

VDM Verlag Dr. Müller

Bibliografische Information der Deutschen Bibliothek:
Die Deutsche Bibliothek verzeichnet diese Publikation in der Deutschen
Nationalbibliografie; detaillierte bibliografische Daten sind im Internet
über <http://dnb.ddb.de> abrufbar.

Das Werk ist einschließlich aller seiner Teile urheberrechtlich geschützt.
Jede Verwertung außerhalb der engen Grenzen des Urheberrechts-
gesetzes ist ohne Zustimmung des Verlages unzulässig und strafbar.
Das gilt insbesondere für Vervielfältigungen, Übersetzungen, Mikrover-
filmungen und die Einspeicherung und Verarbeitung in elektronischen
Systemen.

Alle in diesem Buch genannten Marken und Produktnamen unterliegen
warenzeichen-, marken- oder patentrechtlichem Schutz bzw. sind
Warenzeichen oder eingetragene Warenzeichen der jeweiligen Inhaber.
Die Wiedergabe von Marken, Produktnamen, Gebrauchsnamen,
Handelsnamen, Warenbezeichnungen u.s.w. in diesem Werk berechtigt
auch ohne besondere Kennzeichnung nicht zu der Annahme, dass
solche Namen im Sinne der Warenzeichen- und
Markenschutzgesetzgebung als frei zu betrachten wären und
daher von jedermann benutzt werden dürften.

Copyright © 2006 VDM Verlag Dr. Müller e. K. und Lizenzgeber
Alle Rechte vorbehalten. Saarbrücken 2006
Kontakt: info@vdm-buchverlag.de

Coverfoto: photocase.de
Herstellung: Schaltungsdienst Lange o.H.G., Berlin

ISBN-10: 3-86550-637-5
ISBN-13: 978-3-86550-637-5

Besonderen Dank an

Herrn Jan Metzger und Frau Bettina Schmidt-Matthiesen
(Hessischer Rundfunk),

Herrn Reinhard Knör (Institut für Rundfunktechnik München),

Herrn Matthias Bürgel (Hochschule der Medien Stuttgart)

und Andy!

Vorwort

Fernsehproduzenten und -veranstalter stehen heutzutage unter großem Kosten- und Erfolgsdruck. Nicht länger nur andere Fernsehsender gehören zur Konkurrenz, sondern seit einiger Zeit auch andere Medien, zum Beispiel das Internet mit seinen zahlreichen Möglichkeiten (IP-TV[1], Video-Streaming). Während und nach der Medienkrise 2000/2001 sind die Werbeerlöse drastisch eingebrochen. Deshalb suchen die Programmveranstalter nach neuen Erlösquellen sowie Kosteneinsparungsmodellen und neuen Geschäftsfeldern.

Seit einigen Jahren geistert das Thema Videojournalismus durch die TV-Branche. Einige kleine Produktionsfirmen und Sender wie MTV und VIVA haben es vorgemacht – mit Experimentierfreude, neuartiger Bildgestaltung, ungewohnten Sehweisen und kostengünstiger Produktionstechnik. Gerade in Zeiten knapper Budgets steht der Videojournalist, das „Ein-Mann-Team", hoch im Kurs, weil er weniger kostet als herkömmliche Produktionsteams. Im Zuge der Digitalisierung ist das technische Equipment billiger geworden und viel einfacher zu bedienen. Die DV-Technik wandelte sich

---

[1] Internet Protocol Television: Digitale Übertragung von Filmen und Fernsehen über digitale Datennetze

in den letzten Jahren von einem Con- zu einem Prosumer-Format, es stehen immer bessere und leistungsfähigere Geräte zur Verfügung, die sich auch für den Einsatz in der Fernsehproduktion eignen. Dabei kostet das DV-Equipment erheblich weniger als die klassischen Beta-Geräte. Diese Technik in den Händen eines Videojournalisten, der Redakteur, Kameramann, Tonmann und Cutter in einer Person ist, macht eine andere, schlankere Produktionsweise möglich.

Aber jede neue Entwicklung bringt viele Fragen mit sich und ruft Kritiker auf den Plan. Kaum erprobte Workflows, unsichere Zukunftsbedingungen, sich wandelnde Berufsbilder, neue Standards und ungewohnte Herausforderungen stören den vertrauten Ablauf. Der Videojournalist rüttelt an den Fundamenten bisheriger Fernsehproduktion, die sehr aufwendig und arbeitsteilig vonstatten ging.

Die Befürworter des Videojournalismus versprechen heute größere Flexibilität und vielfältigeres Programm, geringe Kosten und demokratischere Strukturen in der Fernsehproduktion. Die Gegner weisen besorgt auf einen Qualitätsverlust hin, fürchten Entprofessionalisierung und Rationalisierungsmaßnahmen.

„Sendefähigkeit" ist das neue Unwort in den Sendeanstalten Deutschlands. Die Sympathisanten des Videojournalismus sind von

Digital Video überzeugt, meist jedoch aber weit davon entfernt, die „Demokratisierung des Fernsehens" à la Michael Rosenblum[2] zu propagieren. Sicher wird der Zugang zur Fernsehproduktion allein aus Kostensicht erleichtert, schließlich ist die DV-Produktionstechnik erheblich billiger als Beta-Equipment. In zahlreichen Videojournalismus-Pilotprojekten zeigte sich aber, dass gewisse Qualitätskriterien und technische Anforderungen erhalten bleiben müssen. Jeder kann eine DV-Kamera in die Hand nehmen, aber nicht jeder kann Fernsehen machen. Es muss ein gewisses Gefühl für Bildgestaltung, Bildaufbau und – das wichtigste – redaktionelles Talent vorhanden sein. Videojournalisten brauchen in der Fernsehproduktion eine ausreichende Ausbildungszeit, um mit den redaktionellen und technischen Herausforderungen sicher umgehen zu können. Mit „Videojournalisten" sind im vorliegenden Buch qualifizierte Leute gemeint, die eine entsprechende Ausbildung hatten. Sie sind mit den redaktionellen Abläufen vertraut und haben gelernt, dramaturgisch stimmige Geschichten zu erzählen, sind den technischen und gestalterischen Herausforderungen während des Drehs gewachsen und beherrschen die Bedienung des Schnittsystems.

---

[2] VJ-Guru aus Amerika; vgl. Andre Zalbertus/Michael Rosenblum (2003), S. 11ff

Videojournalismus wird oft mit „Wackelbildern" in Verbindung gebracht, weil früher häufig Praktikanten mit kleinen DV-Kameras losgeschickt wurden, die keine Übung hatten und deshalb auch Wackelbilder zurückbrachten. Mit der kostengünstigen DV-Technik und geschulten Videojournalisten ist es jedoch möglich, mehr Personal „im Einsatz" zu haben, somit leichter und billiger an mehr Bildmaterial zu kommen und qualitativ hochwertiges Fernsehen zu produzieren.

Um die Entwicklungen im Fernsehbereich nachvollziehen zu können, ist es wichtig, die Entstehung des Fernsehens und die Strukturen, die sich jahrzehntelang eingebürgert und gehalten haben und jetzt natürlich verteidigt werden, zu kennen. Denn jede Veränderung ist irritierend und beängstigend. Sicherer ist es, so weiterzumachen wie bisher. Das alte System hat sich bewährt, es ist gut, warum also irgendwelche Experimente eingehen? So erklärt sich das schlechte – sich zwar in der letzten Zeit allmählich bessernde – Image der Videojournalisten, die an diesen alten Strukturen rütteln und das System der hoch arbeitsteiligen Produktionsweise zum Wanken bringen. Nicht zuletzt entstand die Abneigung gegen Videojournalisten aber auch dadurch, dass niemand genau wusste, was sich durch Videojournalismus alles ändern wird. Die Aussage von Michael Rosenblum („Fernsehen, wie wir es kennen, wird in fünf Jahren tot sein!") ließ die Alarmglocken in vielen Redaktionen sehr laut schrillen. Eine produktionstechnische Revolution wird es nach den heutigen Erkenntnissen durch Videojournalismus jedenfalls nicht geben.

Die Idee des selbst drehenden Redakteurs zur Produktion von Fernsehbeiträgen ist nicht neu. Bereits in den 60er Jahren ist dieses Berufsbild in den Vereinigten Staaten entstanden und prägte dort frühzeitig die Tradition der TV-Berichterstattung.[3] Die Entstehung des Videojournalismus lässt sich anhand mehrerer Faktoren erklären. Seit es EB[4]-Produktion gibt, suchten die Produzenten angesichts dieser teuren Form der Fernsehberichterstattung immer wieder nach Möglichkeiten, die Produktionseffektivität zu steigern, die Teamgröße zu reduzieren und somit Geld zu sparen. Diese Versuche scheiterten meist aufgrund der komplizierten Technik, die einer alleine nicht so bedienen konnte, dass ein qualitativ hochwertiges Ergebnis entstand. Die Digitalisierung und der technische Fortschritt brachten aber neue Geräte auf den Markt, die sehr einfach zu bedienen und günstig in der Anschaffung waren. Zuerst nur für den Consumer-Markt gedacht, entdeckten bald Fernseh-

---

[3] vgl. Packer (1998), S. 39
[4] Elektronische Berichterstattung: (Außen-)Berichterstattung mit robusterem und handlicherem Equipment als im Studioeinsatz

produzenten deren Vorzüge und die Möglichkeit, einen alleine damit loszuschicken und sendefähiges Material zu bekommen. Gerade kleinere Sender, Offene Kanäle und kleine Fernsehproduktionsfirmen nutzen dieses Equipment, um kostengünstig an Material zu kommen.

Ein weiterer Grund, der die Entwicklung des Videojournalismus forcierte, war und ist die immer schwieriger werdende ökonomische Situation. Nicht nur die Wirtschaftskrise, auch die Stagnation bzw. der Rückgang der Werbeeinnahmen, die Konvergenz der Medien und die zunehmende Konkurrenz – nicht mehr nur Konkurrenten aus dem Fernsehbereich, auch aus anderen Medien – erschweren eine profitable Produktion. Deshalb wird überall gespart, und die kostenintensivsten Posten, die es zu reduzieren gilt, sind eben Personal und Equipment.

Dieses Fachbuch widmet sich der Entwicklung des Videojournalismus aus der klassischen Fernsehproduktion heraus, beeinflusst durch wirtschaftliche und technische Veränderungen, die immer wieder andere und kostengünstigere Produktionsformen forderten und dem Videojournalismus die Türen geöffnet haben. Die herkömmliche Produktionsweise eines Redakteurs mit EB-Team und Cutter werden der Arbeitsweise eines Videojournalisten gegenüber gestellt und die Vor- und Nachteile beider Formen erläutert. Aus der geschichtlichen Betrachtung der Fernsehentwicklung geht hervor, warum sich Strukturen nicht von heute auf morgen ändern, warum jede Veränderung Zeit braucht. Letztendlich wird deutlich, warum der Videojournalismus schon seit einigen Jahren praktiziert wird, aber nicht etabliert ist. Dieses Buch gibt in weiteren Kapiteln Tipps zum Umgang mit der Technik, zeigt Möglichkeiten der Bildgestaltung und Schwierigkeiten der redaktionellen Arbeit auf. Außerdem werden Erfahrungen mit VJs am Beispiel des Hessischen Rundfunks und seinen ausführlichen Auswertungen des 2004 stattgefundenen Pilotversuchs „Videojournalisten" dargestellt.

Gliederung

VORWORT 7

DEFINITION 19

1. FERNSEHEN IM WANDEL DER ZEIT 21

1.1. FERNSEHEN WIRD ZUM MASSENMEDIUM 23

1.2. TECHNISCHE GERÄTE VEREINFACHEN DIE FERNSEHPRODUKTION 41

1.3. ENTWICKLUNG DES VIDEOJOURNALISMUS 46

2. FERNSEHEN IM WANDEL DER TECHNIK 53

2.1. TECHNISCHE DETAILS DER PRODUKTIONSFORMATE 59

    2.1.1.   DV-FORMAT 61

    2.1.2.   DVCAM 74

    2.1.3.   DVCPRO25 74

    2.1.4.   DVCPRO50 76

    2.1.5.   DIGITAL BETACAM 77

    2.1.6.   BETACAM SP 81

2.2. CCD-CHIP-TECHNIK 84

    2.2.1.   FRAME TRANSFER (FT-) CHIPS 94

2.2.2.	INTERLINE TRANSFER (IT-) CHIPS	95
2.2.3.	FRAME INTERLINE TRANSFER (FIT-) CHIPS	96

2.3. OBJEKTIVEIGENSCHAFTEN 99

2.4. TONTECHNIK 102

2.4.1.	KONDENSATORMIKROFONE	104
2.4.2.	DYNAMISCHE MIKROFONE	105

2.5. DIGITALE SCHNITTTECHNIK 108

2.6. STANDARDS IN DER FERNSEHPRODUKTION 113

2.7. SONSTIGE MÄNGEL DES VJ-EQUIPMENTS 117

2.8. ZUSAMMENFASSUNG DER TECHNISCHEN FAKTOREN 122

3. FERNSEHEN IM WANDEL DER WIRTSCHAFT UND GESELLSCHAFT. 127

4. VERGLEICH DER PRODUKTIONSFORMEN EB UND VJ 139

4.1. HERKÖMMLICHE PRODUKTIONSWEISE IM FERNSEHJOURNALISMUS 142

4.1.1.	DREHVORBEREITUNG	145
4.1.2.	DREH	151
4.1.3.	DREHNACHBEREITUNG	154

Gliederung

4.2. ARBEIT DER VIDEOJOURNALISTEN IM TV 157

4.2.1. DREHVORBEREITUNG 158

4.2.2. DREH 160

4.2.3. DREHNACHBEREITUNG 163

4.3. VOR- UND NACHTEILE DES VIDEOJOURNALISMUS IM VERGLEICH ZUR HERKÖMMLICHEN PRODUKTIONSFORM 166

4.3.1. VORTEILE DES VIDEOJOURNALISMUS 166

4.3.2. NACHTEILE DES VIDEOJOURNALISMUS 169

5. ERFAHRUNGEN MIT VIDEOJOURNALISTEN 173

5.1. ANFANG BEIM HESSISCHEN RUNDFUNK 174

5.2. EQUIPMENT 176

5.3. TEILNEHMER 177

5.4. QUALITÄTSSICHERUNG 178

5.5. KOSTEN UND WIRTSCHAFTLICHKEIT 180

5.6. FAZIT DES HESSISCHEN RUNDFUNKS 181

6. PRAKTISCHE TIPPS 183

6.1. GRUNDLAGEN DES LICHTS 184

6.2. GRUNDLAGEN DER OPTIK: BRENNWEITE UND SCHÄRFENTIEFE 188

6.3. GRUNDLAGEN DER BILDGESTALTUNG 194

6.4. UMGANG MIT DER „ÜBERFORDERUNG" BEIM DREH 196

6.5. KNIFFE IM SCHNITT 203

7. FAZIT UND AUSBLICK IN DIE ZUKUNFT 207

LITERATURVERZEICHNIS I

ZEITSCHRIFTEN/BROSCHÜREN IV

INTERNETQUELLEN V

SONSTIGE QUELLEN IX

VERZEICHNIS DER SCHAUBILDER UND TABELLEN X

Definition

Videojournalist, der:

Videojournalist (die Kurzform lautet VJ) wird in der Literatur oft mit Videoreporter gleichgesetzt, obwohl einige Sendeanstalten einen Reporter nur dann als Videoreporter bezeichnet, wenn er seinen Beitrag zwar selbst dreht, das Rohmaterial dann aber entweder komplett oder als „rough cut" (Rohschnitt) in die Sendeanstalt überspielt.

Ein Videojournalist hingegen ist Redakteur, Kameramann, Tonmann/Assistent und auch Cutter in einer Person, das heißt, er führt alle Aufgaben selbst und ohne die Unterstützung anderer aus. Die gesamte Beitragsproduktion liegt in seiner Hand, er recherchiert, dreht, schneidet, schreibt und spricht den Text, er ist das „Ein-Mann-Team" der Fernsehproduktion.[5] Durch die Entwicklung der kleinen und leicht zu handhabenden DV-Kameras ist es einer Person nach einer gewissen Schulungszeit möglich, Beiträge in Fernsehqualität zu produzieren. Dabei kann es sich um jegliche Genres von der NiF[6] bis hin zur Kinoproduktion handeln.

---

5 vgl. Belz/Haller/Sellheim (1999), S. 93
6 Nachricht im Film: ca. 20-45-sekündiger Kurzbeitrag

Der Tätigkeitsbereich des Videojournalisten wird nicht überall gleich definiert. Jedes Unternehmen bzw. Land sieht die Vorteile dieser Produktionsform anders. Für die einen eignet sich ein Videojournalist besonders für den aktuellen Bereich, da er flexibel ist und die Ästhetik der Bilder im Nachrichtenbereich eine nicht so große Rolle spielt. Andere sehen die Vorteile eher im weniger zeitkritischen Bereich der längeren Berichte (Reportagen, Features) und vor allem bei Langzeitbeobachtungen. Für viele ist das Kostenargument zwar ein gewichtiges, aber lange nicht das einzige für den Einsatz von VJs. Wichtig sind auch die neuen Sichtweisen und Emotionalität, die ein VJ durch persönlichere und nähere Aufnahmen schaffen kann. Dies ist ein durchaus sinnvoller Ansatz, um es dem Videojournalisten zu ermöglichen, sich selbst zu entfalten und zu positionieren, um nicht immer im Schatten der EB-Teams ihren Qualitätsanforderungen hinterher zu hinken.

Der Begriff „VJ" (weibliche Form auch „VJane") hat bei Sendern wie VIVA und MTV noch eine andere Bedeutung, er bezeichnet dort das Berufsbild der Moderatorinnen und Moderatoren der Sendungen.

1. Fernsehen im Wandel der Zeit

„Fernsehen ist das letzte Überbleibsel aus der Sowjetunion."

Michael Rosenblum (VJ-Guru aus den USA), 2002

In der Geschichte des Fernsehens gab es grob betrachtet drei Meilensteine.[7] Die Einführung des Schwarz-Weiß-Fernsehens, die Umstellung auf Farbfernsehen und die Digitalisierung, die laut Rundfunkstaatsvertrag bis 2010 hier in Deutschland abgeschlossen sein soll.

Rundfunk bezeichnet Hörfunk und Fernsehen. Beide bauen auf denselben Basistechnologien auf. Bild und Ton müssen in elektrisch übertragbare Signale umgewandelt werden.

Es gibt heute etwa 34,5 Millionen Fernsehhaushalte (ca. 98 Prozent der Bevölkerung)[8] in Deutschland.

Fernsehen kommt vom griechischen „tele" (= fern) und lateinischen „videre" (= sehen) und bedeutet grundsätzlich die Aufnahme von Bildern mit Hilfe von Technik (Kameras) an einem Ort, deren Übertragung über einen Übertragungskanal (terrestrisch, per Kabel oder Satellit, heute auch über Internetleitungen) und die Wiedergabe mit Hilfe technischer Gerätschaften (Fernseher, Beamer etc.) an einem anderen Ort. Die Geschichte des Fernsehens begann vor ca. 130 Jahren.

---

[7] vgl. Hickethier (1998), S. 224
[8] vgl. AGF/GfK Fernsehforschung

1.1. Fernsehen wird zum Massenmedium

Um Fernsehen zu realisieren, waren zwei Probleme zu lösen. Das erste bestand darin, bewegte Bilder mit Ton zu erzeugen. Dies war schon durch die Filmtechnik Ende des 19. Jahrhunderts gelöst worden. Die Filmemacher beschäftigten sich Anfang des 20. Jahrhunderts schon mit inhaltlichen und bildgestalterischen Fragen, nicht mehr so sehr mit der Technik. Das zweite und viel gewichtigere Problem der Fernsehentwicklung war, die Signale über weite Strecken übertragen zu können.

Die Bildübertragung hat ihre Anfänge im Jahre 1843, als der schottische Uhrmacher Alexander Bain einen Kopiertelegrafen („Facsimile") konstruierte, der Handschriften und Zeichnungen punkt- und zeilenweise abtastete und die Helligkeitswerte auf elektronischem Wege übertragen konnte.[9] Dabei handelte es sich jedoch nur um Standbilder.

Die Industrialisierung und Elektrifizierung Ende des 19. Jahrhunderts forcierten Entwicklungen im Bereich der elektronischen Informationsübertragung über Telefon und Telegrafen. Die erste brauchbare Erfindung für die Übermittlung von Bewegtbilder gelang 1883 Paul Nipkow, der eine rotierende Scheibe (Nipkow-

---

[9] Behrens (1986), S. 215

Scheibe) mit spiralförmig angeordneten Löchern versah und damit Bilder in Hell-Dunkel-Signale zerlegte.

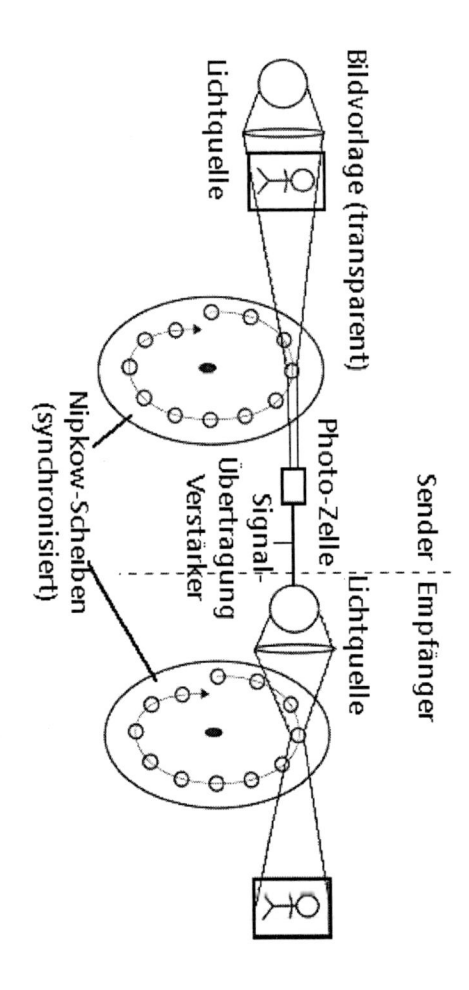

Abbildung 1: Schematische Darstellung der Bildaufnahme und Übertragung mit einer Nipkow-Scheibe[10]

---

[10] vgl. http://www.dma.ufg.ac.at/dma/assets/11573/intern/nipkow.gif

Die Bilder wurden an einem anderen Ort mit Hilfe einer zweiten, sich in gleicher Geschwindigkeit drehenden Nipkow-Scheibe wieder zusammengesetzt. Seither gilt Paul Nipkow als Erfinder der Fernsehübertragung.[11]

Abbildung 2: Mit einer Nipkow-Scheibe abgetastetes Bild[12]

Da dieser Einrichtung aber ein Verstärker fehlte, der die Übertragungsverluste kompensierte, außerdem die Bildauflösung sehr gering war und nur eine einzelne Person das übertragene Bild an der „Teleskop"-Röhre betrachten konnte, war die Erfindung für das Fernsehen, wie wir es heute kennen, unbrauchbar.

---

[11] vgl. http://www.lexikon-definition.de/Geschichte-des-Fernsehens.html
[12] http://www.gfu.de/images/history/Nipkow2.gif

1873 entdeckten C. May und W. Smith die Lichtempfindlichkeit von Selen. Elektrische Ströme konnten damit abhängig von der auftreffenden Lichtintensität gesteuert werden (Grundlage der Photovoltaik).[13] Ferdinand Braun und Jonathan Zenneck entwickelten 1897 die Kathodenstrahlröhre, auch Braunsche Röhre genannt. Diese werden bis heute in Röhren-Fernsehern verwendet. Ein Elektronenstrahl projiziert, gelenkt durch elektromagnetische Spulen, aufeinander folgende Bildpunkte auf eine mit Leuchtstoff beschichtete Glasscheibe.[14]

Während sich die einen mit der Übertragung der Bewegtbilder beschäftigten, entwickelten andere Möglichkeiten, die Bilder zu speichern. Das nach einer Idee von Oberlin Smith 1898 patentierte „Telegraphon" des Dänen Valdemar Poulsen besteht aus einer Schnur mit eingearbeiteten Stahlpartikeln, die durch Mikrofonströme magnetisiert werden.[15] Erste darauf aufbauende Verfahren kamen ab 1920 auf den Markt.

1904 gelangen Arthur Korn große Schritte auf dem Gebiet der Bildtelegrafie. Er übermittelte eine Fotografie von München nach

---

[13] vgl. Behrens (1986), S. 216
[14] vgl. http://www.lexikon-definition.de/Geschichte-des-Fernsehens.html
[15] vgl. Zielinski (1986), S. 57

Nürnberg, 1907 von München nach Berlin und 1910 von Berlin nach Paris.

Nach einigen Weiterentwicklungen und Verbesserungen der Braunschen Röhre (unter anderem durch den ungarischen Ingenieur Denes von Mihály mit seinem Telehor, mit dem er möglicherweise mittels eines Röhrenverstärkers bereits 1919 Bewegtbilder über mehrere Kilometer übertragen konnte) und der Nipkowscheibe (zum Beispiel durch August Karolus, der mit Unterstützung von Telefunken – aufbauend auf der Kerrzelle – 1924 die Übertragungsqualität des Bildes erheblich verbesserte) gelang es Philo Taylor Farnsworth am 7. September 1927 bei einer Präsentation für seinen Geldgeber in San Francisco, erstmals Bilder mit Hilfe einer Elektronenstrahlröhre auf Sender und Empfangsseite elektronisch zu übertragen.[16] Damit kam er Vladimir Zworykin zuvor, der zwar schon 1923 das Patent für seine Kathodenstrahlröhre (Ikonoskop-Röhre) anmeldete, sie aber erst 1933 realisieren konnte (Kineskop-Röhre).[17] Von Mihály präsentierte am 11. Mai 1928 die erste Fernsehübertragung in Berlin. Im selben Jahr auf der „5. Großen Deutschen Funkausstellung Berlin" stellte auch August Karolus sein Fernsehen vor. Dabei handelte es sich um einen Telefun-

---

[16] vgl. Hickethier (1998), S. 22 und 29ff und Behrens (1986), S. 216ff
[17] vgl. http://www.heise.de/tp/r4/artikel/21/21722/1.html

ken-Prototyp, der unverkäuflich war, aber mit einer Bildgröße von 8x10 Zentimeter und einer Auflösung von 10.000 Bildpunkten den Telehor von Mihály (Bildgröße 4x4 Zentimeter, Auflösung 900 Bildpunkte) um einiges übertraf.[18] Der Telehor war aber verkäuflich und stieß deshalb beim Publikum auf mehr Interesse, obwohl es damals noch keinen Fernsehsender gab, der Programm hätte ausstrahlen können. Dennoch wird der Start des Fernsehens damit auf den 31. August 1928 datiert.

1929 sendete der Rundfunksender Witzleben erste regelmäßige Testsendungen[19], kurz darauf legte die Deutsche Reichspost (DRP) die erste deutsche Fernseh-Norm fest: 30 Zeilen und 12,5 Bildwechsel pro Sekunde. Diese Norm wurde der Entwicklung entsprechend die nächsten Jahre über stetig angepasst. Nach dem Zweiten Weltkrieg nach Wiederaufnahme des Sendebetriebs galt dann die bis heute verwendete Gerber-Norm mit 25 Bildwechseln pro Sekunde und 625 Zeilen pro Bild. Bereits 1937 war das Zeilensprungverfahren eingeführt worden, das anstelle von 25 Vollbildern 50 Halbbilder sendet und damit das Großflächenflimmern reduziert und die Bildqualität erheblich verbessert.

---

[18] vgl. Keller (1983), S. 47
[19] vgl. Hickethier (1998), S. 52

1934 wurden die ersten Fernsehsendungen mit Bild und Ton übertragen. Um den Plänen der BBC, einen ersten regelmäßigen Programmdienst auszustrahlen, zuvorzukommen, beschleunigten die Nazis den Start des ersten regelmäßigen Fernsehprogrammdienstes der Welt. Am 22. März 1935 war es dann soweit. Die Zahl der Empfänger hielt sich jedoch in Grenzen, es gab damals nur etwa 250 Fernsehempfänger in Berlin und Umgebung. Die Geräte waren noch nicht für die industrielle Massenfertigung konzipiert und zudem oder gerade deshalb sehr teuer. Daher wurden am 9. April 1935 erste öffentliche Fernsehempfangsstellen („Fernsehstuben") eröffnet, in denen die Besucher kostenlos fernsehen konnten. Aufgrund der kleinen Präsentationsfläche (18x22 Zentimeter) blieben die Zuschauerreaktionen aber verhalten.

Bis zur Erfindung des Videorecorders (1956 von Ampex) war Film das wichtigste Speichermedium für Bild- und Toninformationen. Für die Olympiade 1936 in Berlin (11. Olympische Sommerspiele) wurde die erste fahrbare vollelektronische Fernsehkamera (Ikonoskop-Kamera, „Kanone" genannt) entwickelt, die mit einer Bildauflösung von 180 Zeilen, einem Gewicht von 45 Kilogramm und einer Länge von 2,20 Metern beeindruckte.[20]

---

[20] vgl. Schwarzkopf (2001), S. 1539f und Hickethier (1998), S. 40ff

Weitere Programmdienste folgten in England 1936, in den USA 1939 und 1954 in Japan, das damit das erste Land Asiens mit einem Fernsehversuchsdienst war.

Nach Beginn des Zweiten Weltkrieges wurde Fernsehen hauptsächlich für militärische Zwecke genutzt, 1944 dann komplett eingestellt und erst 1952 wieder im regelmäßigen Programmbetrieb aufgenommen. Fernsehen war nach dem Krieg von den Besatzungsmächten kontrolliert und dezentral. Nach zahlreichen weiteren Verbesserungen – sowohl bei der Aufnahme als auch bei der Wiedergabe – startete der Nordwestdeutsche Rundfunk nach zweijährigem Testbetrieb am ersten Weihnachtsfeiertag 1952 mit einem massentauglichen Fernsehprogramm, das nach und nach die Zuschauer in seinen Bann zog. Bereits zum Jahresende 1952 waren rund 4.000 Fernsehgeräte verkauft worden, die damals immerhin 1.000 DM kosteten und einen Bildschirm von 22x22 Zentimetern hatten. Als erste internationale Direktübertragung und als erster Höhepunkt des jungen Fernsehens wurde die Krönungsfeier von Königin Elisabeth II. am 2. Juni 1953 übertragen[21], im Jahr darauf folgte die Fußball-Weltmeisterschaft in Bern. Diese Ereignisse begünstigten den Verkauf der Empfangsgeräte, von denen es 1955 bereits 200.000, 1957 über eine Million angemeldete Geräte gab.

---

[21] vgl. Hickethier (1998), S. 87

Fernsehen im Wandel der Zeit

Mit Programmstart des Zweiten Deutschen Fernsehens (ZDF) am 1. April 1963 explodierte die Zahl der Fernsehteilnehmer, im Jahr darauf wurde die Zehnmillionengrenze geknackt. Fernsehen war zum Leit- und Massenmedium geworden.

Nach der Definition von Gerhard Maletzke bedeutet Massenkommunikation die Übertragung von Informationen über ein technisches Verbreitungsmittel (ein Medium, zum Beispiel Fernsehen). Die Übertragung erfolgt öffentlich (für jeden zugängliche Aussagen, keiner kann ausgeschlossen werden), indirekt (räumliche und/oder zeitliche Trennung von Sender und Empfänger) und einseitig (Empfänger kann keine Rückmeldung auf demselben Kanal abgeben) an ein disperses Publikum (Empfänger der Aussage sind zufällig verteilt und wechseln ständig, der Anbieter kann sie nicht identifizieren).[22]

Eine wichtige Rolle bei der Durchsetzung des Fernsehens spielten internationale Großereignisse des Sports.[23] Was mit den Olympischen Spielen 1936 in Berlin begann, setzte sich mit der Fußball-Weltmeisterschaft 1954 in Bern und mit den Spielen 1968 in Tokio fort und bestätigte sich auch 1968 in Mexiko, denn dort waren die Olympischen Spiele der Startschuss für das Farbfernsehen.

---

[22] vgl. Maletzke (1963), S. 32
[23] vgl. Hickethier (1998), S. 40ff

Am 25. August 1967 folgte in Deutschland der nächste große Schritt, nämlich die Einführung des Farbfernsehens während der 25. Großen Deutschen Funkausstellung in Berlin. Erste Versuche gab es schon in den 1920ern, als der Schotte John Logie Baird mit einer Nipkowscheibe und Spiralrahmen in den Farben rot, grün und blau experimentierte.[24] 1941 gelang es ihm, farbige Fernsehbilder über größere Distanzen zu übertragen. Bereits im Juni 1951 sendete die BBC (British Broadcasting Corporation) einige Monate ein Farbfernsehprogramm, das aber aufgrund von gravierenden Nachteilen (unter anderem Inkompatibilität zum Schwarz-Weiß-Fernsehen) eingestellt wurde. Kurze Zeit später wurde das National Television System Committee (NTSC) gegründet, das aus Wissenschaftlern verschiedener namhafter Elektronik-Firmen zusammengesetzt war und am 23. Dezember 1953 die NTSC-Norm, eine leistungsfähigere Lösung, für verbindlich erklärte. Mit diesem System konnten immer noch Sendungen in schwarz-weiß ausgestrahlt werden, ebenso aber Farbfernsehen, das auf Schwarz-Weiß-Geräten weiterhin darstellbar war. Ein Nachteil von NTSC war das instabile Farbsignal, weshalb böse Zungen NTSC auch bald als „Never the same color" deklarierten.

---

[24] vgl. http://www.heise.de/tp/r4/artikel/21/21722/1.html

In Europa wurde ebenfalls nach einer gemeinsamen Farbfernsehnorm gesucht. Aufgrund der unterschiedlichen Zeilenzahlen in den verschiedenen europäischen Ländern war dieses Unterfangen nicht einfach. In Frankreich wurde das SECAM-System entwickelt (Séquentiel Couleur À Mémoire), das wegen technischer Schwächen mehrfach überarbeitet werden musste. So entstanden die Varianten SECAM 2, SECAM 3, SECAM 3a und schließlich SECAM 3b.

Auf Basis des NTSC-Systems entwarf der deutsche Telefunken-Ingenieur Walter Bruch das PAL-System (Phase Alternating Line), welches durch den Phasenwechsel je Zeile eine integrierte Farbkompensation besaß, die Farbverzerrungen wie bei NTSC verhinderte. PAL ist im Vergleich zu SECAM und NTSC das stabilste Verfahren.[25] Somit ist es nicht verwunderlich, dass in anderen Ländern der Umstieg auf HDTV heutzutage stärker vorangetrieben wird als in Deutschland, da hier mit PAL ein sehr guter Standard etabliert ist.

Für die Übertragung der Signale musste das damalige terrestrische Sendernetz großflächig ausgebaut werden, um möglichst viele Menschen zu erreichen. 1965 konnten über terrestrische Übertragungskapazitäten bereits drei Programme ausgestrahlt werden.

---

[25] vgl. Schwarzkopf (2001), S. 1541

Weitere Meilensteine in der Fernsehgeschichte sind die ersten drahtlosen Ultraschall-Fernbedienungen 1959, der Videotext 1977 und die Stereofonie der Fernsehgeräte 1981.

1984 startete in Deutschland das duale Fernsehsystem mit dem Kabelpilotprojekt Ludwigshafen/Vorderpfalz, das private Programme über Kabel aussendete.[26]

Das Zeitalter des Satellitenfernsehens begann am 12. August 1960, als der erste passive Kommunikationssatellit Echo 1 auf eine Umlaufbahn um die Erde gebracht wurde. Er lieferte allerdings qualitativ schlechte Bilder. Am 10. Juli 1962 wurde der erste aktive Fernmeldesatellit Telstar ins All geschossen. Am 23. Juli strahlte Eurovision die erste Live-Sendung von den USA (Bodenstation Andover) über Satellit nach Frankreich aus.[27]

Die Satelliten kreisen in einer geostationären Umlaufbahn ca. 36.000 Kilometer über der Erde und können so ihr Signal kontinuierlich in ihr Empfangsgebiet senden. Ein wesentliches Merkmal der Satellitenübertragung ist das so genannte Overspill, das bedeutet, dass die einzelnen Empfangsgebiete, in denen die ausgestrahlten Programme empfangbar sind, sich überlappen. Dies ist

---

[26] vgl. Hickethier (1998), S. 320f
[27] vgl. http://www.schulmodell.de/astronomie/raumfahrt/komm2.htm

für den Zuschauer zwar von Vorteil, da er mehr Programme empfangen kann, bringt aber urheber- und hoheitsrechtliche Probleme mit sich.

Der zur Verfügung stehende Frequenzbereich wurde 1977 bei der WARC-Konferenz (World Administrative Radio Conference) so zugeteilt, dass jedes Land fünf Satellitenfrequenzen zugesprochen bekam.[28] Doch erst in den 80er Jahren hatte das Satellitenfernsehen seinen wirklichen Durchbruch. Die Satellitentechnik nutzt einen Sendefrequenzbereich von 11,7 bis 12,5 Gigahertz. Dieser Frequenzbereich wird in 40 Kanäle mit je 20 Megahertz Bandbreite eingeteilt. Jede Orbitposition ist also mit 40 Kanälen nutzbar.

Ab 1983 wurde auf Drängen von Christian Schwarz-Schilling, damaliger Bundespostminister, die flächendeckende Verkabelung aller Haushalte mit Breitband-Koaxialkabelnetzen angestrengt.[29] Diese Kabel übertrugen in einem Frequenzbereich bis 300 Megahertz gleichzeitig 29 Fernseh- und 24 Stereohörfunkprogramme. Nach vier Pilotprojekttests gilt das Ludwigshafener Kabelpilotprojekt heute als Geburtsstunde des Privatfernsehens, das am 01. Januar 1984 erstmals PKS (heute Sat.1) ausstrahlte.

---

[28] vgl. Barsig (1981), S. 156f
[29] vgl. http://www.kabel-tv.de/produkte/history/history.php

Seit den 80er Jahren befindet sich die Medienlandschaft im Wandel. Nicht nur die Einführung des dualen Systems, auch neue Techniken wie das Glasfaserkabel, das Satelliten-Pilotprojekt TV-SAT, der Videotext und die Digitalisierung bieten vielfältige Möglichkeiten. Als ein Problem, auf das die Erfinder des Fernsehens vor über 100 Jahren nicht vorbereitet waren, stellte sich die Frequenzknappheit auf den Übertragungswegen heraus. Immer mehr Programmanbieter drängen in den Markt. Deshalb werden in Deutschland die Frequenzen anhand bestimmter Kriterien von den 15 Landesmedienanstalten zugeteilt. Gab es 2005 ca. 60 Programmanbieter in Deutschland, verdoppelte sich diese Zahl im Jahre 2006. Die Digitalisierung brachte in dieser Situation ein gewisses Maß an Entspannung und Deregulierung, da die digitalen Programme weniger Bandbreite benötigen als analoge und entsprechend mehr Platz für zusätzliche Kanäle auf den Übertragungswegen boten. Im digitalen Kabel ist Platz für ca. 350 Programme, vorher im analogen gab es nur ca. 40.

In den Sendeanstalten hält die Digitalisierung der Technik schon seit Jahren Einzug, beim Zuschauer scheint sie jedoch noch nicht richtig angekommen zu sein, nur überschaubare 21 Prozent der deutschen Haushalte sind inzwischen digital.[30] Heute ist die Signalübertragung über Kabel der mit Abstand meistgenutzte Weg in Deutschland, ca. 56 Prozent aller Fernsehhaushalte nutzen ihn (im Vergleich dazu Satellit ca. 40 Prozent, Terrestrik ca. vier Prozent).[31]

Im Zuge der Digitalisierung steigt die Satellitennutzung an, die terrestrische Nutzung durch DVB-T steigt ebenfalls leicht, allerdings stellt gerade die Terrestrik die mit Abstand teuerste Variante der Signalübertragung dar (geringe Anzahl an übertragbaren Kanälen, teurer Netzausbau, nicht flächendeckend, nur in Ballungsräumen eingeführt). Experten glauben deshalb, dass dieser Übertragungsweg in Zukunft keine Rolle mehr spielen wird. Satelliten dagegen wachsen mit ihrer großen Bandbreite aber nicht nur auf Senderseite (günstige Übertragung), sondern auch bei den Zuschauern (sehr viele und auch ausländische Programme, Spartenkanäle, bisher keine zusätzlichen monatlichen Kosten) im Ansehen.

Digital Video Broadcasting (DVB) ist ein vom European DVB Project 1992 vereinbarter internationaler Standard zur Übertragung digitaler Signale im MPEG[32]2-Standard mit ähnlicher Kompressions-

---

[30] vgl. GfK
[31] vgl. AGF/GfK Fernsehforschung
[32] Moving Picture Experts Group: Gruppe von Experten, die sich mit der Standardisierung von Videokompression und den dazugehörigen Bereichen wie Audiokompression etc. beschäftigen

technik wie bei der DVD. Die Initiative Digitaler Rundfunk (IDR) legte im September 2000 das „Startszenario" vor, unter anderem die Eckdaten 2010 und 2015 als geplante Auslauftermine analoger Fernseh- bzw. Hörfunkübertragung über Kabel (DVB-C), Terrestrik (DVB-T) und Satellit (DVB-S).[33] DVB-T startete schon im November 2002 in Berlin/Brandenburg, Ende 2005 konnten ca. 65 Prozent der Haushalte in Deutschland digitale terrestrische Programme (ca. 24 Programme je nach Gebiet) empfangen. Geplant ist, bis Ende 2008 90 Prozent der Bevölkerung über diesen Weg zu erreichen.[34] Nach dem Übergang der Breitbandkabelnetze in private Hände (von 2000 bis 2003) wird auch auf dieser Ebene die Digitalisierung vorangetrieben und mittlerweile auch über Kabel High-Speed-Internetprodukte angeboten.

Der Satellitenrundfunk gilt als „Motor des digitalen Fernsehens". Von den 7,1 Millionen digitalen Haushalten 2005 empfingen 63 Prozent das Signal über Satellit.[35]

Digitale Sendesignale bestehen aus Einsen und Nullen, die Bandbreite sparend komprimiert und verschlüsselt werden. In diesem Binärcode können auch andere Daten, zum Beispiel Internetdaten

---

[33] vgl. http://www.alm.de/fileadmin/user_upload/tkdoku.doc
[34] vgl. Sachstandsbericht des BMWA, Stand September 2005, S. 3
[35] vgl. Sachstandsbericht des BMWA, Stand September 2005, S. 15

und multimediale Zusatzdienste sowie Verschlüsselungs-Codes mit übertragen werden. Gerade für Pay-TV bzw. entgeltpflichtige Programmbouquets sind die Verschlüsselungsmöglichkeiten des digitalen Signals interessant. Auf der Empfängerseite decodiert eine spezielle Set-Top-Box die digitalen Daten, die entweder als Zusatzgerät an den Fernseher angeschlossen wird oder (bei neueren TV-Modellen) schon integriert ist (Integrated Television).

Mit der Digitalisierung schreitet auch die Konvergenz (Verknüpfung von Medien-, Informations- und Telekommunikationstechnik) voran. Fernsehen kann heute auch im Internet (IP-TV) und auf dem Handy (DMB oder DVB-H) empfangen werden, im Gegenzug wird per „Triple Play" über das Fernsehkabel gesurft und telefoniert. Die rückkanalfähige Leitung ermöglicht nicht nur das Empfangen, sondern auch das Senden von Daten. Fernsehkommunikation ist dadurch nicht nur einseitig, sondern interaktiv.

Wesentliche Entwicklungen gibt es auch im Bereich der Speichermedien. Videodaten werden bei der Aufnahme bald nicht mehr auf Band, sondern auf Festplatten und DVDs[36] gespeichert.

---

[36] Digital Versatile Disc: Zum Abspeichern von Daten verwendbar, gegenüber der CD aber mit mehr Speicherplatz, da die Spuren enger beieinander liegen und der Trackabstand verkleinert wurde

Die große Frage, ob das Ziel, bis 2010 alle analogen Kanäle abzuschalten, auch realisiert werden kann, hängt nicht nur von den Fernsehanstalten, sondern vor allem von den Endgeräteherstellern und den Kunden ab. Wann und ob nur noch das technisch verbesserte HDTV gesendet wird, ist ebenfalls noch nicht sicher.

1.2. Technische Geräte vereinfachen die Fernsehproduktion

Mit der immer größer werdenden Zahl an Zuschauern und der Ausweitung der Sendezeiten wuchs die Belastung der Schauspieler, Sprecher, Akteure und Fernsehschaffenden, die den größten Teil des Programms in den 50er Jahren live produzierten. Der Wunsch nach zeitversetztem Aufnehmen und Wiedergeben kam auf. Um flexibel auf Ausfälle reagieren und Live-Pannen vermeiden zu können, wurde das magnetische Aufzeichnungsverfahren, eine neue Produktionstechnik, Ende der 50er eingeführt.[37] Bereits 1954 brachte die RCA das weltweit erste Video-Gerät auf den Markt, ein Gerät, das Fernsehbilder aufzeichnen und wiedergeben konnte. Es arbeitete nicht mit dem heute üblichen Schrägspur-Aufzeichnungsverfahren, sondern benutzte ein Patent der deutschen Firma Telefunken und Loewe.

Den japanischen Firmen Sony und JVC gelang es in Verbindung mit Patenten der amerikanischen Firma Ampex, die großen und teuren professionellen Magnetbandaufzeichnungsgeräte in handliche und preiswerte Massenprodukte umzuformen.

---

[37] vgl. Hickethier (1998), S. 229

1971 stellten Philips und Grundig auf der Funkausstellung die ersten Video-Cassette-Recorder vor. Das Verfahren der magnetischen Bandaufzeichnung versprach nicht nur mehr Sicherheit und die Loslösung von festen Sendeterminen, es ermöglichte später auch die elektronische Berichterstattung (EB)[38]. CBS integrierte die neue Magnetbandtechnik 1971 in den Produktionsalltag. Die elektronischen Kameras waren damals noch riesige „Kanonen" und weit davon entfernt, als Schulterkameras eingesetzt zu werden. Sie standen vorerst fest im Studio. Außenberichterstattung war nur auf Filmmaterial mit 16mm-Kameras möglich.

In den 70er Jahren ersetzte die EB-Kamera mit der magnetischen Bildaufzeichnung endgültig die 16mm-Kamera in der Außenberichterstattung und bei Sportübertragungen. Es war damals auch schon möglich, gleichzeitig zu senden und aufzuzeichnen, was gerade bei Sportübertragungen die Möglichkeit bot, Wiederholungen eines Ausschnitts in der laufenden Sendung zu zeigen. Die Filmrollen mussten nicht erst entwickelt werden, es konnte schneller reagiert und operiert werden.[39] Im Zuge der Regionalisierung

---

[38] engl. Electronic News Gathering = ENG bzw. Electronic Field Production = EFP
[39] vgl. Hickethier (1998), S. 229ff

vollzog sich in den 80ern auch in deutschen Sendeanstalten der breite Umstieg auf EB-Technik.

Die Satellitentechnik stellte schließlich den letzten Schritt zur ortsunabhängigen Produktion dar (SNG = Satellite News Gathering). Mit der Installation von Satelliten konnten die Beiträge mittels eines Satellitentelefons direkt in die Sendeanstalten übertragen und live in die Sendung eingespielt werden, unabhängig vom Aufenthaltsort des Journalisten.

Anfang der 90er Jahre nutzte CNN diese Technik, um live vor Ort vom Golfkrieg zu berichten. In diesem Zusammenhang kann festgestellt werden, dass Videojournalismus und Kriegsberichterstattung/Katastrophenreportagen eng miteinander verknüpft sind, da hauptsächlich über Ein-Mann-Teams Bilder aus Krisengebieten zu bekommen waren. Eine Person war flexibler, unauffälliger und mit einer kleinen Kamera näher dran am Geschehen. Es war nicht störend, wenn die Kamera in wilden Schwenks Gefechte und Detonationen zeigte, da die Brisanz des Ereignisses wesentlich wichtiger war als eine korrekte Kadrage und die Gestaltung der Bilder.

Ein Beispiel dafür ist der Techniker Nic Robertson, der 1991 beim Angriff der Amerikaner auf Bagdad, 1993 aus dem belagerten Mostar und 2001 aus Kandahar in Afghanistan als erster Berichte sendete.[40] Dies gelang nur mit dem geschickten Einsatz der Technik, die sich im Laufe der Jahre weiterentwickelte und viele Formate hervorbrachte. Die Maschinen und Bänder wurden dabei immer kleiner, trotzdem aber qualitativ besser.

1953	2"-Videoband von 3M, allerdings ohne Bandmaschine
1956	Ampex stellt Videorecorder vor
1960	Ampex Farbrecorder kommt auf den Markt
1967	Sony entwickelt den Farb-VCR-Prototyp
1970	Bell Laboratories forschen mit CCDs
1971	U-Matic von Sony
1975	Betamax-Farb-VCR von Sony
1976	VHS-System von JVC und Panasonic
1979	Video 2000 von Grundig/Philips
1979	BTS, Ampex und Sony stellen digitale MAZ vor
1982	Betacam für Profis von Sony
1983	Erste CCD-Kamera von Hitachi
1984	Video-8
1985	Video-Hi-8
1986/88	Betacam SP
1988	S-VHS
1989	Erster kleiner Camcorder von Sony
1993	Sony stellt „Digital Betacam" vor
1993	Digital Video (DV)
1995	DVD wird vorgestellt
Juni 1995	NAB Las Vegas: Erste digitale Videoformate von Sony/JVC/Panasonic
Nov. 1995	Erste Consumer-DV-Kamera (3-Chip) von Sony
Dez. 1995	Digitale Consumer-Kameras von JVC und Panasonic
Apr. 1996	Erster digitaler Consumer-Recorder von Sony (Kosten 8.000 DM); DVCAM und DVCPro werden eingeführt

---

[40] FAZ, 13.06.2005, Nic Robertson, Nr. 134, S. 33

Dez. 1997	XL1 (Canon) mit Wechselobjektiv und vier Tonspuren
Okt. 1998	NV-DV (Panasonic): Kosten 6.000 DM
Jan. 1999	Digital wird billiger als analog: DV-Mini von JVC unter 2.000 DM
Feb. 1999	Digital 8 (D8) von Sony, kompatibel mit Hi-8
Sep. 1999	Prototyp eines DVD-Recorders von Philips auf der IFA
Aug. 2000	Erster DVD-Camcorder von Hitachi
Sep. 2000	DV-Eingänge werden bei Camcordern Standard
Mär. 2001	DVDR-1000 von Philips (DVD-RW-Videorecorder)
Jan. 2002	DVD-Brenner in PCs sind auf dem Vormarsch
Feb. 2002	Einheitlicher DVD-Standard wird definiert (von Sony, Philips, Samsung, Hitachi, Pioneer, Sharp, LG Electronics, Matsushita und Thomson Multimedia
Jul. 2002	FireWire-Schnittstelle (1394 IEEE) wird PC-Standard
Jul. 2003	High Definition Video (HDV) wird vorgestellt als Consumer-Camcorder-Standard

Tabelle 1: Übersicht über wichtige Meilensteine der Fernsehgeräte-Entwicklung, eigene Zusammenstellung[41]

Relevant für den Videojournalisten ist hauptsächlich das DV-Format, das 1994 von führenden Videogeräteherstellern (unter anderem JVC, Panasonic, SONY, Hitachi, Canon etc.) bei dem Versuch, sich auf eine gemeinsame Norm für digitale Videoaufzeichnung im Consumer-Bereich zu einigen, als einheitlicher Standard geschaffen wurde. Die Kassetten, Kameras und Rekorder dieses Formats waren viel kleiner als die damals üblichen.

---

[41] vgl. http://www.videoclub-ahrweiler.de/2dvc.htm und
http://www.fernsehmuseum.info/die-technik-story.0.html

1.3. Entwicklung des Videojournalismus

Als die Technik immer kleiner und handlicher wurde, kam schnell die Idee auf, auch das Team zu verkleinern, hauptsächlich aus wirtschaftlichen Gründen, da die EB-Produktion teuer war. Heute bestehen EB-Teams teilweise nur aus Kameramann und Redakteur, wobei sich beide die Aufgaben des Assistenten teilen. Die Entwicklung hin zur One-Man-Show ist nicht nur im Fernsehen, sondern auch in anderen Medien im Zuge der Digitalisierung zu beobachten. Beim Hörfunk gibt es seit der Digitalisierung eine größere Vielfalt an Kanälen, was aber an der Popularität der großen Radiostationen nichts geändert hat. Der Moderator ist heute in der Lage, während der Sendung auch sein Mischpult zu bedienen, ein Tontechniker ist aufgrund des technischen Fortschritts und der einfachen Bedienung der technischen Geräte überflüssig geworden.[42]

Die Anfänge des Videojournalismus reichen zurück bis in die 60er Jahre. Damals wurde in den Vereinigten Staaten das Berufsbild des Videojournalisten bei lokalen Fernsehstationen geschaffen. Später waren die selbst drehenden Journalisten aus der TV-Berichterstattung nicht mehr wegzudenken.[43]

---

[42] vgl. hr Abschlussbericht 2004, Seite 3f
[43] vgl. Packer (1998), S. 39

In Deutschland hinkt die Entwicklung des Videojournalismus bis heute den Nachbarländern hinterher, die Schweiz und Großbritannien beispielsweise sind dabei schon erheblich weiter. Dies liegt wohl an unserem hoch regulierten Fernsehsystem und dem öffentlich-rechtlichen Rundfunk mit seinen teils eingefahrenen und schwerfälligen Strukturen, bei denen schnelle Veränderungen nicht so leicht möglich sind, besonders dann nicht, wenn die Neuerungen an den Ursprüngen des Fernsehens rütteln und das althergebrachte Produktionssystem modernisieren wollen.[44]

Außerdem wird in Deutschland seit jeher sehr strikt zwischen Technik und Redaktion getrennt, während es in anderen Ländern, z. B. den USA, schon immer üblich war, dass auch der Redakteur im Notfall die Kamera in die Hand nimmt und dreht. Dennoch gab es auch in Deutschland Ende der 70er Jahre bereits VJ-Experimente. Der WDR testete drei Jahre lang im so genannten „Video-Experiment-Kanada" 1978 die Möglichkeiten eines Redakteurs, der alleine ohne EB-Team im Ausland arbeiten sollte. Da die Technik damals noch sehr kompliziert war und es keine Schulungskonzepte gab, scheiterten diese Versuche.[45]

---

[44] vgl. hr Abschlussbericht 2004, Seite 3
[45] vgl. Weischenberg (1995), S. 55

Der wohl bekannteste Videojournalist weltweit ist Michael Rosenblum. Seine Geschichte begann 1979, als er als studentische Aushilfskraft von ABC in den Iran geschickt wurde, um von der islamischen Revolution zu berichten. Der junge Islamistik-Student Rosenblum bekam eine Kamera und drehte seine Beiträge selbst, um Kosten zu sparen. 1988 wurde er vom neu gegründeten schwedischen Sender TV3 angesprochen, ob er seine Erfahrungen als VJ nicht weitergeben und die Redakteure im Umgang mit der Kamera und dem Schnittsystem schulen könnte. Seit damals reist Michael Rosenblum durch die Welt und lehrt mit seiner Firma Rosenblum Associates (USA) seine Philosophie über Videojournalismus.[46]

Gerade kleinere und lokale Sender wie NY1 (New York 1), gegründet im Jahre 1992, setzten auf Videojournalisten, um ihr Programm überhaupt ökonomisch stemmen zu können. Die Redakteure begannen ihre Arbeit damals einen Monat früher und absolvierten ein Videojournalismus-Bootcamp, um den Anforderungen gerecht zu werden.[47]

Auch in Europa arbeiteten verschiedene private Lokalsender ab den 90ern mit so genannten Hi8-Videojournalisten. Der Name

---

[46] vgl. http://www.rosenblumtv.com/biography.asp
[47] vgl. http://www.ny1.com

stammt daher, weil die Ausrüstung damals aus Hi8-Kameras bestand. Eingesetzt wurde die VJs in Deutschland unter anderem bei Hamburg 1 und in der Schweiz bei Telebärn und TeleZüri (gegründet von Roger Schawinski, heutiger Geschäftsführer bei Sat.1), bei TV3 in Schweden und 1994 sogar beim öffentlich-rechtlichen Bayerischen Rundfunk BR im Studio Franken. Dort war weniger die Kostenersparnis der Beweggrund, sondern der Versuch, mehr Bilder aus der Region zu bekommen. Deshalb wurden Hörfunkkorrespondenten mit DV-Kameras ausgestattet. Videojournalisten waren damals in fast jedem Sender nur eine Randerscheinung, um Schnittbilder für Wetterberichte zu sammeln und sonstige einfache Drehs zu erledigen.[48]

Die ersten ernsthaften Versuche, in Deutschland Videojournalisten im Produktionsalltag zu etablieren, erfolgen seit 2001 – damals nur intern – beim Hessischen Rundfunk (hr). Seit 2003 werden diese Feldversuche auch öffentlich kommuniziert. Damit ist der hr der erste öffentlich-rechtliche Rundfunkveranstalter, der sich mit dieser neuen Produktionsform auseinandersetzt.

Mit neuen Ansätzen und Schulungskonzepten bietet auch AZ Media in Köln seit 1. Februar 2002 eine inzwischen sogar nach ISO-

---

[48] vgl. Roether (2002), S.4

Norm 17024 zertifizierte Ausbildung an. Die Absolventen erhalten ein international gültiges Zertifikat als IT-Spezialisten.[49]

Nachdem das ZDF bisher die Meinung vertrat, Videojournalisten eignen sich nicht für sein bundesweites Programm, da es keine Sendungen mit lokalem oder regionalem Charakter gibt, wurde von Ende Februar bis Anfang Juli 2006 ein Modellversuch „Videojournalisten" durchgeführt. Nach einer Trainingsphase sollten die Teilnehmerinnen und Teilnehmer für unterschiedliche Formate des Programms arbeiteten. Zurzeit werden die Ergebnisse des Modellversuches zusammengetragen, erst nach einer Auswertung kann entschieden werden, ob und wenn ja, wie es mit dem Thema Videojournalismus beim ZDF weitergehen wird. DV-Kameras kamen bei Drehs jedoch auch früher schon zum Einsatz, wurden aber in der Regel von Kameraleuten bedient und nur für zusätzliche Perspektiven oder Vorrecherchen verwendet.

Andere deutsche Sender wie der Rundfunk Berlin-Brandenburg RBB (VJs zur Nachtbereitschaft und für kleinere Geschichten), der Mitteldeutsche Rundfunk MDR (VJ-Projekte mit Unterstützung und Erfahrung des Hessischen Rundfunks), der Norddeutsche Rundfunk NDR (arbeitet schon seit Jahren in Außenstudios mit VJs) oder der

---

[49] http://www.presseportal.de/story.htx?nr=506488&firmaid=21767

Westdeutsche Rundfunk WDR (ergänzend zu herkömmlichen Teams arbeiten VJs dort als so genannte „NiF-Ritter" im hauptsächlich aktuellen Bereich) setzen ebenfalls Videojournalisten in den unterschiedlichsten Bereichen ein.

Die BBC in Großbritannien arbeitet im aktuellen Bereich fast ausschließlich mit Videojournalisten, ca. 90 Prozent der Nachrichtenbeiträge werden von insgesamt über 700 Videojournalisten produziert. Mehrere Auszeichnungen (unter anderem der „Emmy", ein begehrter Fernsehpreis) beweisen den internationalen Erfolg der „Quality-Videojournalists" in England.

Videojournalisten sind in deutschen Sendeanstalten heute auch nicht länger mehr nur ein Randthema, sondern werden nahezu flächendeckend erprobt und eingesetzt.

2. Fernsehen im Wandel der Technik

„Die Geschichte der Fernsehproduktion ist in erster Linie die Geschichte ihrer technischen Voraussetzungen."

Knut Hickethier (Fernsehhistoriker), 1998

Um beurteilen zu können, wie gut die VJ-Technik ist und ob DV-Material „sendefähig" ist, müssen die einzelnen qualitätsbestimmenden Faktoren betrachtet werden. Dies ist auf der einen Seite die Kamera mit Objektiv und CCD-Chips, auf der anderen Seite das Speichermedium, also die DV-Kassette mit dem DV-Codec[50]. Neben allen technischen Bedingungen ist die Qualität des Beitrags aber maßgeblich von den Fähigkeiten und vom Talent des Videojournalisten abhängig. Mit seinem Können steht und fällt der Erfolg.

Um zu definieren, was genau „Sendefähigkeit" bedeutet, bringt das Institut für Rundfunktechnik (IRT) in München in bestimmten Abständen Richtlinien für die Fernsehproduktion heraus, die zwar nicht zwingend, aber doch richtungweisend sind. DV kam lange Zeit in diesen Richtlinien nicht vor, denn ein Standard mit einer um die Hälfte verringerten Farbauflösung passte nicht zu den Qualitätskriterien und den Anforderungen an Fernsehmaterial. Trotzdem erkannte die European Broadcast Union (EBU), dass DV eine immer größere Rolle in der Fernsehproduktion spielt und brachte im März 2005 mit der EBU R116-2005[51] eine technische Empfehlung für den Gebrauch von DV-Material mit dem Abrastraster

---

[50] kommt von Codieren und Decodieren
[51] „The use of DV compression with a sampling raster of 4:2:0 for professional acquisition", Geneva, March 2005

4:2:0 für professionelle Zwecke (Details siehe Kapitel 2.6.: Standards in der Fernsehproduktion) heraus.

Auch das IRT arbeitet an Empfehlungen für die Produktion mit DV-Consumer-Camcorder, da die kostengünstige Produktionsform mehr und mehr im professionellen Bereich eingesetzt wird.[52]

Das DV-Format wurde 1994 von führenden Videogeräteherstellern (unter anderem JVC, Panasonic, SONY, Hitachi, Canon etc.) bei dem Versuch, sich auf eine gemeinsame Norm für digitale Videoaufzeichnung im Consumer-Bereich zu einigen, als Standard mit dem Namen Digital Video definiert.[53] Es ist das erste Format, das im Video- und im Computerbereich gleichermaßen eingesetzt wird. Mit der Verbesserung der Datenübertragungsraten über Datenkabel und Internet sowie der Erweiterung des Speicherplatzes und der schnellen Verarbeitung der Datenmengen im Computer wurden leistungsfähige und preislich günstige Arbeitsmittel geschaffen. Als auch andere Hersteller professionellen Videotechnikzubehörs nachzogen und sich der DV-Entwicklung anschlossen, gab es ein umfangreiches Spektrum an speziell auf die Bedürfnisse der DV-Produktion angepassten Komponenten, beispielsweise extra leichte Stative von Vinten oder Sachtler und Schnittsoftware von

---

[52] E-Mail von R. Knör, IRT (27.07.2006)
[53] vgl. Schmidt (2000), S. 400

Apple (Final Cut Pro) oder Avid (Xpress DV). Plötzlich entdeckten auch die Profis die Vorzüge des Consumer-Equipments und begannen, mit DV zu produzieren, da die Unterschiede zu anderen professionellen Formaten wie Betacam SP auf dem Bildschirm kaum sichtbar, die Kosten der Produktion aber erheblich niedriger waren.

Ein Problem bei Consumer-Equipment ist die fehlende Standardisierung. Ständig und überall gibt es nicht kompatible Implementierungen und Spezifizierungen einzelner Hersteller. Beispielsweise sind die CCD-Chips je nach Hersteller unterschiedlich.[54] Qualitativ hochwertige CCDs sind zudem sehr teuer, da der Ausschuss mit der Qualität des Chips zunimmt.

Viel Kritik gab es auch beim Ton, doch inzwischen werden hochwertige Kondensatormikrofone (zum Beispiel von Sennheiser) verwendet, die die Aufnahme eines guten Tons gewährleisten.

Die problemlose Vernetzung der DV-Kamera mit dem Computer bringt jedoch neben allen nicht normgerechten Implementierungen, die die Qualität verschlechtern können, den Vorteil, dass DV-Material ohne Qualitätseinbußen unkompliziert über die FireWire-Schnittstelle (siehe Kapitel 2.5.: Digitale Schnitttechnik) in Compu-

---

[54] E-Mail von R. Knör, IRT (27.07.2006)

ter-Schnittprogrammen weiterbearbeitet werden kann, wohingegen allein die Eindigitalisierung von beispielsweise Digital Betacam-Material (übliches Format in der Fernsehproduktion) und die nachfolgende Bearbeitung am Avid die erste Generation schafft, da „das Aufzeichnungsformat Digital Betacam [...] intern ein eigenes Kompressionsverfahren an(wendet). Dieses ist allerdings außerhalb der MAZ nicht zugänglich, da keine Schnittstelle für den Austausch in der komprimierten und paketierten Datenebene vorhanden ist."[55]

Qualitätsverschlechternde Aspekte sind auch Umspielungen und Wandlungen in andere Formate (zum Beispiel digital auf analog, Kombination mit anderen Formaten, besonders Mischung DV 4:2:0 und 4:1:1 oder DV mit Motion-JPEG). Bei der Kombination von DV 4:2:0 (DV-home) und DV 4:1:1 (DV-based) verschlechtert sich sowohl die horizontale als auch die vertikale Auflösung. Denn bei 4:1:1-Implementierungen wird horizontal gefiltert, d.h. die statische Bandbreite von C_B und C_R wird auf die Hälfte reduziert (es fehlt jeder zweite Chroma-Abtastpunkt gegenüber dem 4:2:2). Für die DV-based Kompression (DVCPro mit 25 Mbit/s) sowie für die DV-Kompression (in den 525/60 Ländern, z.B. USA und Japan, wird

---

[55] vgl. IRT-Richtlinien (Mai 2003), S. 8

4:1:1 auf die DV-Camcorder aufgezeichnet) ist das horizontale Filter genau spezifiziert: -6 dB bei 1,6875 MHz für C_B und C_R (für das 4:2:2-Komponeneten-Fernsehsignal nach ITU-R Recommendation BT.601 sind -3 dB bei 3,375 MHz spezifiziert). Wird 4:2:0 mit 4:1:1 kaskadiert, werden C_B und C_R sowohl vertikal als horizontal gefiltert, es entsteht eine verschlechterte Abtastrate von 4:1:0. Solche Umspielungen und Wandlungen des DV-Formates müssen im Interesse einer den fernsehtechnischen Kriterien genügenden Produktionsweise also vermieden werden.

2.1. Technische Details der Produktionsformate

Die wichtigsten Formate, über die beim Thema Videojournalismus diskutiert wird, sind natürlich DV, DVCAM, DVCPro25 und 50, Digital Betacam und sein Vorgänger im analogen Bereich, Betacam SP, das inzwischen eine eher untergeordnete Rolle spielt und von Digibeta abgelöst wird. Anhand der jeweiligen Spezifikationen werden diese Formate nachfolgend beschrieben und verglichen.

Um Daten zu digitalisieren, wird das analoge Signal in bestimmten Abständen immer wieder ausgemessen (abgetastet) und der Datenwert binär gespeichert. Die Häufigkeit, mit der das Signal vermessen wird, wird als Abtastfrequenz bezeichnet. Um bei der Abtastung qualitativ gute Ergebnisse zu erzielen, stellte Shannon 1948 in seinem Abtasttheorem die Bedingung, dass die niedrigste Abtastfrequenz doppelt so hoch wie die höchste analoge Frequenz des abzutastenden Signals sein muss.[56] Meist wird mit viel höheren Abtastfrequenzen gearbeitet.

Der nächste Schritt in der Digitalisierung ist die Quantisierung, da nicht der genaue Wert der Abtastung gespeichert wird (um Speicherplatz zu sparen), sondern gerundete Werte, die je nach ge-

---

[56] vgl. Schmidt (2000), S. 87

wählten Quantisierungsstufen die Güte des Signals bestimmen. In der professionellen Videotechnik sind 8 oder 10 Bit für Bildsignale (256 Abtastwerte = 2 hoch 8 oder 1024 = 2 hoch 10) und für Audiosignale 16 oder sogar 20 Bit Standard. Mit dem Begriff „Datenstrom" ist die Menge an Daten (gemessen in Megabit pro Sekunde) gemeint, die bei der Digitalisierung in einem bestimmten Zeitraum entsteht und vom System verarbeitet werden muss.

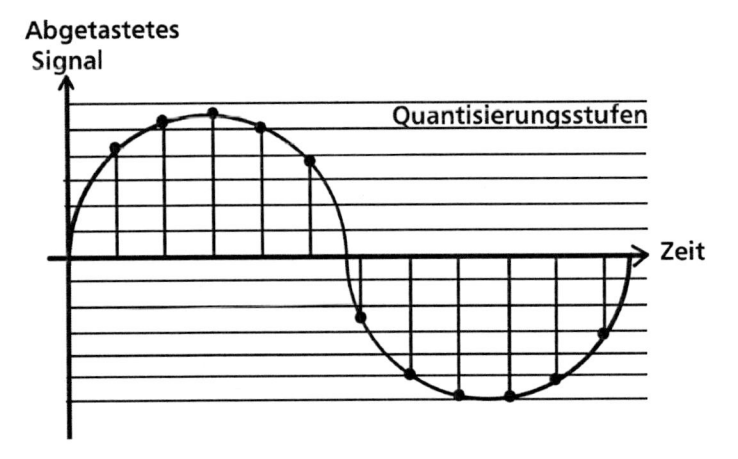

Abbildung 3: Abtastung und Quantisierung eines analogen Sinussignals, schematische Darstellung[57]

Beim Videosignal setzt sich der Datenstrom aus Luminanz- und Chrominanzsignal zusammen. Umstritten ist im Zusammenhang mit Digitalisierung der Betriff „Signal", korrekterweise müsste von

---

[57] vgl. Schmidt (2000), S. 87

„Daten" gesprochen werden. Nach der CCRI-601-Norm[58] (festgelegt in den IRT-Richtlinien als Fernsehstandard in Deutschland) wird das Luminanzsignal Y mit 13,5 MHz abgetastet und mit 10 Bit quantisiert, die Chrominanzsignale U und V jeweils mit 6,75 MHz und ebenfalls 10 Bit. Daraus ergibt sich ein Gesamtdatenstrom von 270 Mbit/s ((13,5 MHz x 10 Bit)+2x(6,75 MHz x 10 Bit)).[59]

2.1.1. DV-Format

Der 1994 von führenden Geräteherstellern spezifizierte Codec DVC (Digital Video for Consumer, später nur noch DV genannt) ist ursprünglich für den Consumer-Bereich geschaffen worden. Mit der Verbesserung der technischen Geräte war dieser Standard nicht mehr nur für den semiprofessionellen Einsatz von PC-Anwendern und Video-Freaks interessant, sondern auch für die professionelle Fernsehproduktion, da die handlich kleinen und kompakten Geräte leicht zu bedienen und sehr kostengünstig waren. Der DV-Algorithmus wurde als Datenreduktionsverfahren für das DV-Magnetbandaufzeichnungsverfahren entwickelt. Ähnlich der JPEG-

---

[58] franz. "Comit Consultatif International des Radiocommunications"; heutige ITU-R 601-Norm: "International Telecommunication Union" (legt Normen und Standards z.B. für Fernsehen und Rundfunk fest)
[59] vgl. Schmidt (2000), S. 84ff

Codierung beruht die Datenkompression bei DV auf Einzelbildern (Intraframe: Jedes Einzelbild wird unabhängig von den Folgebildern komprimiert), somit kann jedes Einzelbild bearbeitet werden. Kompression (lateinisch comprimere = zusammendrücken) bezeichnet ein Verfahren zur Reduktion der Datenmenge und zur Verringerung des Speicherplatzbedarfs. Eine DCT[60] mit Blöcken von 8 x 8 Bildpunkten bildet die Grundlage. Während JPEG eher für Standbilder geeignet ist, ist DV für Video optimiert und berücksichtigt Halbbilder ebenso wie die Abtaststruktur von ITU-R 601.

Digital Video ist ein Standard für die Aufnahme und Wiedergabe von komprimierten Bild- und Tondaten und im Gegensatz zu MPEG ein symmetrisches Verfahren. Encoding bereitet den gleichen Aufwand wie Decoding. DV bezeichnet auch die eigentliche Gerätemechanik und das verwendete Videoband.[61]

---

[60] Discrete Cosinus Transformation: Ist eine weit verbreitete Form der Datenreduktion von Videosignalen. Dabei wird ein digitales Signal zunächst in Blöcke von zum Beispiel je 8 x 8 Bildpunkte zerlegt. Danach findet eine zunächst verlustfreie Umwandlung der Helligkeitsinformationen pro Bildpunkt in eine Frequenzinformation statt. Die Frequenzinformationen werden so sortiert, dass diagonal verlaufende Bilddetails, die das menschliche Auge für einen Schärfeeindruck weniger benötigt, für die eigentliche, nachfolgende, verlustbehaftete Datenreduktion greifbar sind. Je nach gewünschter Qualitätsstufe können nur sehr feine oder auch etwas deutlichere diagonale Strukturen übertragen werden.
[61] vgl. Schmidt (2000), S. 129

Im Camcorder werden bei der Aufnahme die analogen Komponenten (RGB), die von den Bildsensoren erzeugt werden, durch Matrizierung (Y, U, V) über einen Analog/Digital-Wandler (A/D) in digitale Komponentensignale konvertiert, die anschließend als Luminanz- (Helligkeit, Y') und Chrominanzsignal (Farbe, C'_R, C'_B) vorliegen. Vor der Aufzeichnung auf das DV-Band werden diese Daten mit dem Faktor 5:1 komprimiert, da die sonst anfallende Datenmenge zu groß wäre. Das Band läuft mit konstanter Geschwindigkeit im Recorder, der digitale Videodatenstrom wird konstant in schrägen Spuren aufgezeichnet. Aufgrund des Platzangebots auf dem DV-Band können die Daten nur komprimiert gespeichert werden.

Der Durchmesser der Kopftrommel beträgt 21,7 mm, die Bandgeschwindigkeit 1,88 cm/s, eine normale Kassette misst 66 mm (Länge), 48 mm (Breite) und 12 mm (Höhe). Das Band selbst ist ¼ Zoll (6,35 mm) breit. Mit einer DV-Kassette sind Aufnahmen von ca. 60 Minuten möglich, größere Kassetten (125 mm x 78 mm x 15 mm) nehmen bis zu 270 Minuten auf.[62] Die Rate der Bildkompression beträgt 5:1 bei einer Abtastrate von 4:2:0, ähnlich dem Motion-JPEG-Verfahren.

---

[62] vgl. Schmidt (2000), S. 400

DV zeichnet ein 8-Bit-Komponentensignal (256 Quantisierungsstufen) auf. Das Luminanzsignal Y wird mit 13,5 Megahertz (MHz) abgetastet, das Chrominanzsignal nur jede zweite Zeile abwechselnd C_R und C_B mit 6,75 MHz.

	DV	DVCAM	DVCPro 25	DVCPro 50	CCIR 601
Y-Bandbreite (-0,5 dB)	5,75 MHz	5,75 MHz	5,75 MHz	5,75 MHz	5,75 MHz
C-Bandbreite (-0,5 dB)	2,75 MHz	2,75 MHz	1,37 MHz	2,75 MHz	2,75 MHz
Pegelauflösung	8 Bit	8 Bit	8 Bit	8 Bit	10 Bit
Signal/Rauschabstand (Y)	> 56 dB	> 56 dB	> 56 dB	> 56 dB	
Abtastratenverhältnis	4:2:0	4:2:0	4:1:1	4:2:2	4:2:2
Datenreduktionsfaktor	5:1	5:1	5:1	3,3:1	-
Aufgezeichnete Datenrate	42 Mbit/s	42 Mbit/s	42 Mbit/s	84 Mbit/s	125 Mbit/s
Video-Datenrate	25 Mbit/s	25 Mbit/s	25 Mbit/s	50 Mbit/s	270 Mbit/s
Aufgez. Zeilenzahl/Halbbild	288	288	288	288	
Anzahl Audiokanäle	2/4	2/4	2	4	

Tabelle 2: Signalparameter einzelner Formate[63]

Diese Reduktion der Farbanteile ist deshalb möglich, weil das menschliche Auge für Helligkeit empfindlicher ist als für Farbe. Im

---

[63] Schmidt (2000), S. 400

Auge gibt es mehr Stäbchen für die Helligkeitswahrnehmung als Zäpfchen für die Farbwahrnehmung. Diese Tatsache wurde bei der Suche nach Platz sparenden, möglichst verlustfreien Verfahren genutzt.

Im Bereich der digitalen Videotechnik liegt die Basisabtastfrequenz bei 3,375 MHz (13,5 MHz = 4 x 3,375 MHz). Aus einem Eingangssignal (genormt nach ITU-R 601) wird mit Hilfe eines Vertical Chroma Filters ein unterabgetastetes Signal gewonnen. Das DV-Format wird auch in den USA eingesetzt, allerdings gibt es dort durch das 525/60-System (aufgrund der Netzfrequenz von 30 Hertz als Synchronfrequenz) kleine Unterschiede zum europäischen 625/50-System. Im PAL-System werden die Chrominanzanteile C_R und C_B mit 6,75 MHz abgetastet, wobei die entsprechenden Anteile nur in jeder zweiten Zeile zur Verfügung stehen (4:2:0). Die Y-Abtastung erzeugt 720 x 576, die C-Abtastung 360 x 288 Bildpunkte, die in Blöcke mit 8 x 8 Pixel im Vollbildmodus bzw. zwei 4 x 8 Blöcke im Halbbildmodus aufgeteilt werden (Luminanzblock 90 x 72, Chrominanzblock 45 x 36). Im NTSC-System werden dagegen die C_R- und C_B-Anteile mit 3,375 MHz in jeder Zeile abgetastet und so statt der vertikalen die horizontale Auflösung reduziert. Die Abtastrate für die Farbdifferenzkomponenten ist halbiert (4:1:1).[64]

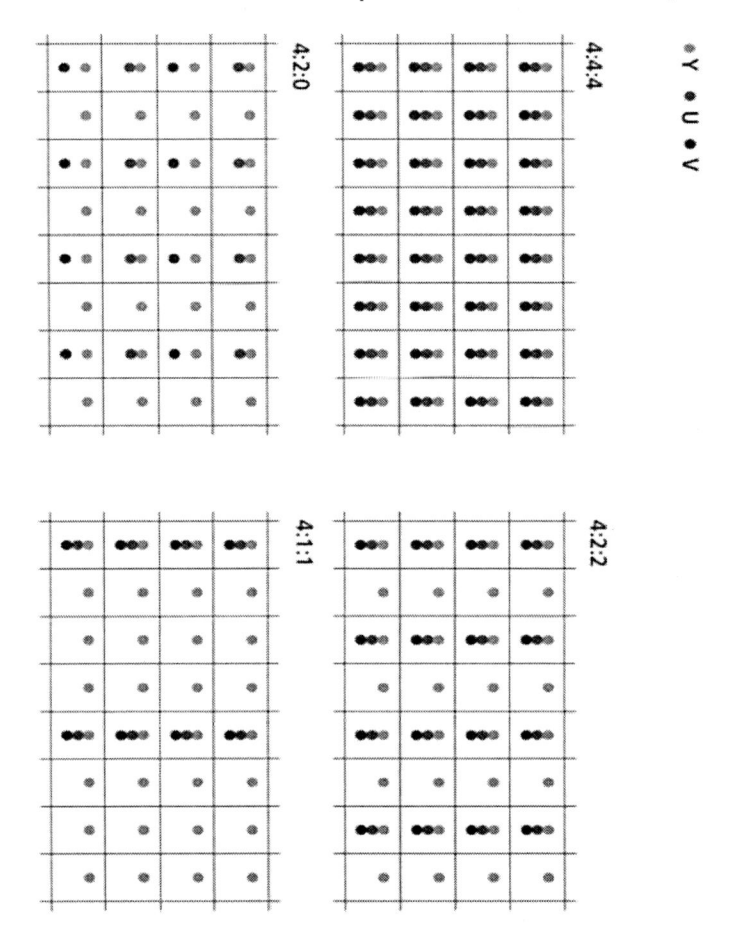

Abbildung 4: Vergleich der Abtaststrukturen[65]

---

[64] vgl. Schmidt (2000), S. 129f
[65] vgl. Schmidt (2000), S. 105

Bei Digital Video werden die Zeilen der vertikalen Austastlücke im Gegensatz zum professionellen Bereich nicht aufgezeichnet. Nach ITU-R BT. 601 stehen im professionellen Bereich 270 Mbit/s (ca. 170 Mbit/s für reine Bilddaten, der Rest für Ton, Fehlererkennung/-korrektur, etc.) für die serielle Datenübertragung zur Verfügung, bei DV beträgt die Videoausgangsdatenrate nur 125 Mbit/s. Sie wird mit Hilfe einer DCT-Datenkompression (Discrete Cosinus-Transformation) auf 25 Mbit/s (5:1) reduziert. Zusätzlich zu den 25 Mbit/s werden noch Fehlerschutz, Zusatz- und Audiodaten aufgezeichnet, die Gesamtdatenrate beträgt deshalb ca. 42 Mbit/s. Zwei Schreibköpfe der Kopftrommel in der Kamera schreiben die Daten auf das Band.[66]

Die Kopftrommel- bzw. Bandgeschwindigkeit bei der Wiedergabe wird von einem Servosystem[67] konstant gehalten, das die Informationen für die Steuerung des Capstan[68]-Antriebes liefert. Dieser Regelkreis zieht seine Informationen normalerweise aus der Kontroll-/Steuer-/CTL[69]-Spur, die bei DV, Digital Betacam und Video 8

---

[66] vgl. Schmidt (2000), S. 401
[67] Regelkreis, der die Rotationsfrequenz und -phase der Kopftrommel im Recorder beeinflusst, so dass die Videoköpfe die Spuren exakt abtasten können
[68] engl. Bandtransport-Antriebswelle: Über eine an die Antriebswelle gedrückte Gummirolle wird ein Magnetband oder Film angetrieben
[69] Control (CTL): Steuersignale/Taktspur auf Videobändern, erleichtert es dem Videorecorder, die Videospur zu finden

jedoch nicht auf Längsspuren aufgezeichnet, sondern in die Schrägspuren integriert wird. So wird gewährleistet, dass die Kopftrommel mit exakter Geschwindigkeit rotiert, so dass der aktive Videokopf die Videospur abtasten kann. Die Pilotsignale der Hauptspur und der mit abgetasteten Nachbarspur werden überlagert und die Intensität der Differenzfrequenzen ausgewertet. Sind beide Intensitäten gleich, befindet sich der Kopf genau in der Mitte der Spur. Zusammen mit einem NRZI-Kanalcode (Non Return to Zero Inverse: Kanalcodierverfahren bei der Analog/Digital-Wandlung von Videosignalen. Bei jeder 1 wird der Signalzustand zwischen 0 und 1 bzw. 1 und 0 umgeschaltet)[70] werden die Daten umgeformt und auf das Band geschrieben. Die Kanalcodierung trägt dazu bei, Übertragungsfehler zu vermeiden, indem unter Berücksichtigung des Fehlerschutzes durch Umformung und zusätzliche Bits das Signal so codiert wird, dass der Originaldatenstrom eindeutig rekonstruierbar ist.[71] Im 625/50-System besteht ein Bild aus 12 Schrägspuren, im 525/60-System aus 10 Spuren. Längsspuren sind zwar möglich, jedoch nur optional vorgesehen, alle Daten inklusive Steuerdaten werden in Schrägspuren aufgezeichnet.[72]

---

[70] vgl. Schmidt (2000), S. 97
[71] vgl. Schmidt (2000), S. 326ff
[72] vgl. Schmidt (2000), S. 401f

Im ITI-Sektor (Insert Track Information) am Spuranfang befinden sich die Steuersignale (Pilot- und Tracking-Signale). Dann kommen die Sektoren für Audio- und Videodaten.

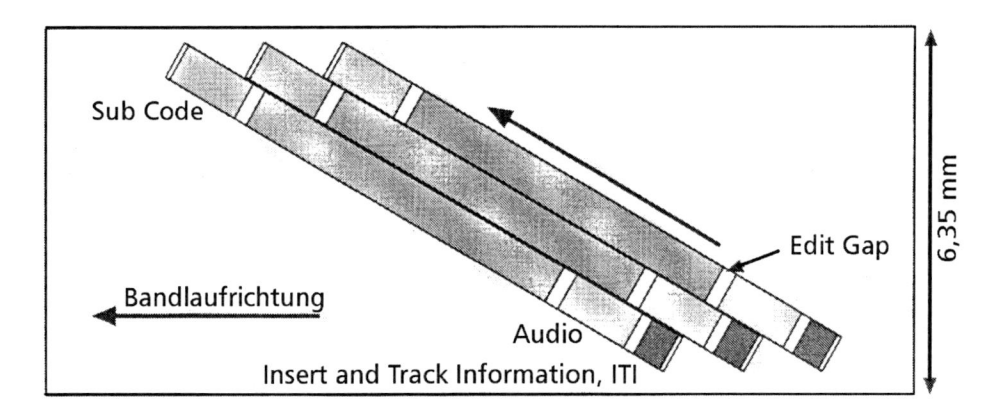

Abbildung 5: Spurlage beim DV-Format, vereinfachte Darstellung[73]

Am Ende der Schrägspur befindet sich ein Subcode-Bereich, hier werden Uhrzeit und Timecode-Daten aufgezeichnet. Zwischenräume, so genannte Gaps, trennen die Sektoren voneinander. Somit sind die einzelnen Sektoren separat editierbar. Eine Schrägspur ist 34 mm lang und 10 μm breit.[74]

Bei der Audioaufzeichnung besteht die Möglichkeit, entweder zwei Kanäle mit 16 Bit Quantisierung und 44,1/48 kHz Abtastrate oder vier Kanälen mit 12 Bit/32 kHz aufzuzeichnen, die jeweils separat

---

[73] vgl. Schmidt (2000), s. 401
[74] vgl. Schmidt (2000), S. 401f

bearbeitet werden können. Audio- und Videodaten können synchronisiert oder unsynchronisiert aufgezeichnet werden (lock/unlock), bei professionellem Einsatz ist die Synchronisierung unverzichtbar.

Im Fernsehstudio müssen alle Geräte synchron laufen. Es gibt einen Haustakt (Genlock-Signal), der für die Synchronisierung der Geräte im Videocompositing- und Broadcast-Bereich sorgt. In diesem Fall muss auf 44,1 kHz als Abtastrate verzichtet werden.[75]

	DV	DVCAM	DVCPro	DVCPro50
Magnetbandbreite	6,3 mm	6,3 mm	6,3 mm	6,3 mm
Bandgeschwindigkeit	1,88 cm/s	2,82 cm/s	3,38 cm/s	6,76 cm/s
Relativgeschwindigkeit	10,2 m/s	10,2 m/s	10,2 m/s	10,2 m/s
Schrägspurlänge	34 mm	34 mm	34 mm	34 mm
Videospurbreite	10 µm	15 µm	18 µm	18 µm
Kopftrommeldurchmesser	21,7 mm	21,7 mm	21,7 mm	21,7 mm
Max. Spieldauer (S, M, L)	60/-/270 min	40/-/180 min	33/63/126 min	16/30/60 min

Tabelle 3: Geometrische Parameter der diversen DV-Formate[76]

Um die Halbbilder effektiv zu verarbeiten, gibt es zwei Modi: Der Voll- und der Halbbildmodus. Der Vollbildmodus arbeitet mit den

---

[75] vgl. Schmidt (2000), S. 402
[76] Schmidt (2000), S. 401

ineinander geschobenen Halbbildern bei der Blockbildung, während der Halbbildmodus aus dem 8 x 8-Block zwei 4 x 8-Blöcke bildet, die jeweils nur die Information aus einem Halbbild enthalten. Bei ruhigen Bildern unterscheiden sich die Halbbilder nur wenig, örtlich benachbarte Zeilen weisen eine hohe Ähnlichkeit auf, es wird deshalb mit dem Vollbildmodus gearbeitet. Bei Blöcken mit schnell bewegten Inhalten wird auf Halbbildmodus umgeschaltet, da die größten Ähnlichkeiten innerhalb des Halbbildes vorkommen. Die Umschaltung steuert ein Bewegungsdetektor. Die einzelnen Bildbereiche werden separat bearbeitet, so dass ruhige und bewegte Teile innerhalb einer Bildvorlage optimiert werden können.[77]

Zur Vereinfachung der Y- und C-Verarbeitung werden je 4 Luminanzblöcke und je ein C_R- und C_B-Block zu einem Makroblock zusammengefasst. Ein 4:2:0-Makroblock besteht aus Luminanz- und Chrominanzmatrizen. Dies ergibt Vorteile bei der Berechnung des Bewegungsvektors, da nicht für alle Blöcke Y, C_R und C_B separat bestimmt werden muss. Die 45 x 36 Bildpunkte großen Makroblöcke werden schließlich 27 Superblöcken zugeordnet, von denen ein Bild 5 x 12 Bildpunkte groß ist. Der Intraframe Shuffling-

---

[77] vgl. Schmidt (2000), S. 129f

Prozess verwürfelt diese Superblöcke systematisch, so dass die nach diesem Prozess nebeneinander liegenden Blöcke aus weit entfernten Bildvereichen stammen. Damit wird schon vor der Datenreduktion eine effektive Weiterverarbeitung und Fehlerunanfälligkeit gewährleistet.[78]

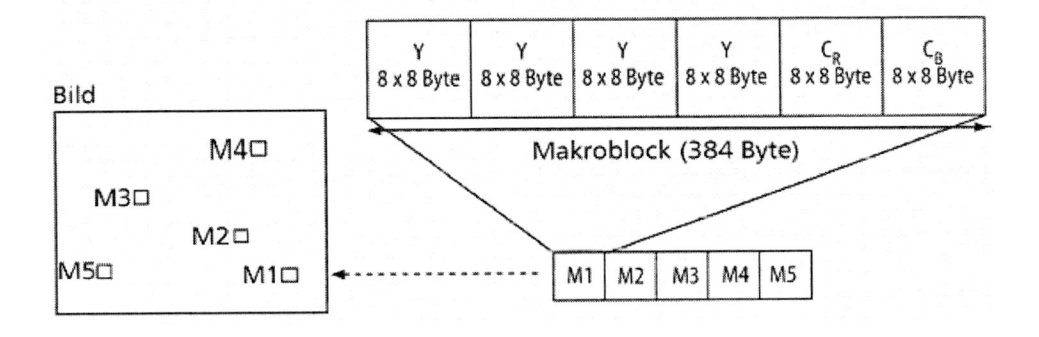

Abbildung 6: Intraframe Makroblock-Shuffling bei DV[79]

Die eigentliche Datenreduktion erzielt DV (wie die meisten Datenreduktionsverfahren) mit DCT und anschließender VLC[80] und RLC[81]. Die Datenrate ist vom Bildinhalt abhängig. Da das Band bei der Aufzeichnung in konstanter Geschwindigkeit läuft, ist der DV-

---

[78] vgl. Schmidt (2000), S. 130
[79] vgl. Schmidt (2000), S. 130
[80] Variable Length Coding: Kodierung mit variabler Codewortlänge. Häufiger auftretende beziehungsweise wahrscheinlichere Symbole werden mit kürzeren Codewörtern kodiert als seltenere Symbole. Es handelt sich um eine verlustlose Kodierung, da keine Informationen verloren gehen. Vgl. Schmidt (2000), S. 116
[81] Run Length Coding: Lauflängencodierung, bei der häufig vorkommende Zeichenfolgen zu einem Zeichen zusammengefasst werden. Vgl. Schmidt (2000), S. 117

Algorithmus auf konstante Datenraten optimiert. Im Gegensatz zu MPEG (hier wird die konstante Datenrate rückwärts gerichtet erzeugt, indem nach Ablauf der Datenreduktion die Daten dann stärker reduziert werden, wenn der Pufferspeicher voll ist) wird bei DV mit der so genannten Feed Forward-Steuerung gearbeitet. Mit Hilfe einer Vorausberechnung aufgrund verschiedener Quantisierungstabellen vor der Datenreduktion wird bestimmt, welches die optimale Reduktion ist, um die Datenrate dicht am durch das Aufzeichnungsverfahren gesetzten Limit zu halten.[82]

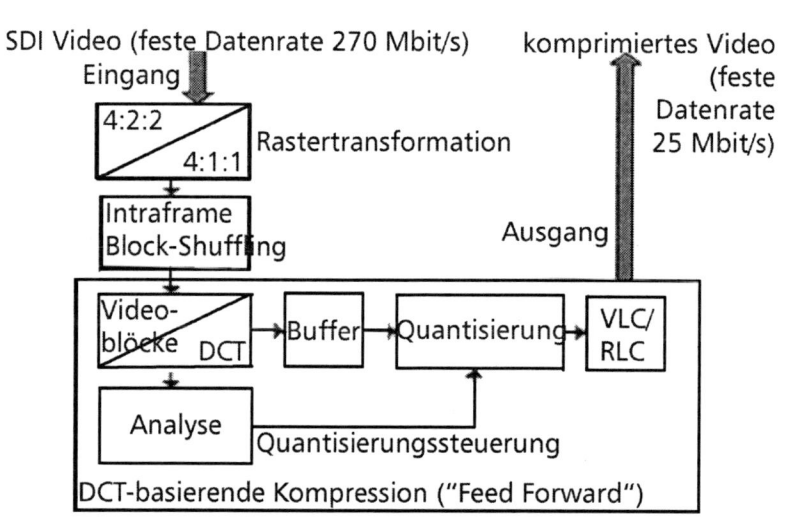

Abbildung 7: Funktionsdiagramm der DV-Kompression mit 25 Mbit/s[83]

---

[82] vgl. Schmidt (2000), S. 130
[83] vgl. http://www.videoclub-ahrweiler.de/2dvc.htm

2.1.2. DVCAM

DVCAM ist die Sony-Weiterentwicklung des DV-Formats für den professionellen Sektor mit einheitlichen Spezifizierungen. Die Datenverarbeitung erfolgt gleich wie bei DV, die Geräteausstattung und die Anschlüsse entsprechen aber den Anforderungen im professionellen Bereich. DV und DVCAM sind nur abwärts kompatibel. Der wesentliche Unterschied liegt in der Erhöhung der Bandgeschwindigkeit von 18,8 mm/s auf 28,2 mm/s, wodurch sich die Spurbreite von 10 μm auf 15 μm erhöht, um Aufzeichnungsfehler zu minimieren bzw. zu verhindern. Die maximale Aufzeichnungsdauer der Mini-DV-Kassette sinkt dabei von 60 auf 40 Minuten, bei großen Standard-Kassetten von 270 auf 180 Minuten. Audio wird standardmäßig direkt im Lock-Mode aufgezeichnet, wahlweise auf zwei Kanäle mit 48 kHz/16 Bit oder auf vier Kanäle mit 32 kHz/12 Bit. Eine Timecode-Verarbeitung ist optional vorhanden.[84]

2.1.3. DVCPro25

DVCPro ist eine Panasonic-Weiterentwicklung des DV-Formates für den professionellen Bereich. Die Spurbreite wird durch eine auf 33,8 mm/s gesteigerte Bandgeschwindigkeit von 10 μm auf 18 μm

---

[84] vgl. Schmidt (2000), S. 403

erhöht. Die Geräte besitzen professionelle Anschlüsse und Geräteausstattung. Zur Audioaufnahme stehen nur zwei Kanäle mit 48 kHz/16 Bit zur Verfügung, Kassetten mit vier Tonspuren können aber wiedergegeben werden. Das Audiosignal wird darüber hinaus auf eine Longitudinal-Cue-Spur aufgezeichnet, um beim schnellen Umspulen ein einfaches Monitoring zu gewährleisten. Zusätzlich wird eine CTL-Spur für eine schnellere Servoreaktion aufgezeichnet. Diese zusätzlichen Spuren sind nur bei DVCPro zu finden und befinden sich auf den Längsspuren an den Bandrändern. Timecode-Nutzung ist ebenfalls möglich. Bei DVCPro wird mit einer Abtastfrequenz von 4:1:1 gearbeitet. Nach der Abtastung entstehen für jedes Luminanzsignal 720x576 Bildpunkte und für jedes Farbdifferenzsignal 180x576 Werte. In einer Preshuffle-Stufe werden die Chrominanzsignale so umgeordnet, dass 360x288 Werte vorliegen wie bei der DV-Abtastung (4:2:0).

Als Kassetten können bei DVCPro die großen Standard-Kassetten verwendet werden, die wegen der erhöhten Bandgeschwindigkeit nur eine Spielzeit von ungefähr 123 Minuten bieten. Es gibt für dieses Format auch so genannte Midsize-Kassetten, die von der Größe zwischen der des Standard- und des Mini-DV-Formats liegen und 63 Minuten Material aufnehmen. DVCPro ist ebenso wie

DVCAM abwärtskompatibel zu DV, beide können also DV-Kassetten wiedergeben.[85]

2.1.4. DVCPro50

DVCPro25 war aufgrund mehrerer Nachteile (geringe Chrominanzauflösung, zu hoher Datenreduktionsfaktor, zwei Audiokanäle fehlen) bald zu DVCPro50 weiterentwickelt worden. Statt einer Video-Nettodatenrate von 25 Mbit/s werden 50 Mbit/s aufgezeichnet, die Bandgeschwindigkeit deshalb und aus Kompatibilitätsgründen gegenüber DVCPro25 verdoppelt.

Um DVCPro25-Signale kompatibel verarbeiten zu können, werden bei DVCPro50 zwei DVCPro25-Schaltungen parallel betrieben, die 8 Bit-Auflösung bleibt erhalten. Durch Addition von zweimal 4:2:0 ergibt sich ein 4:2:2:4-Abtastmuster. Die Y-Samples werden aber nicht doppelt aufgezeichnet.

Der zusätzlich gewonnene Speicherplatz wird genutzt, um den Kompressionsfaktor von ursprünglich 5:1 auf 3,3:1 zu senken. Die Verdopplung der Y-Samples hat noch einen weiteren Vorteil: Auch die Audiokanäle verdoppeln sich. Diese Parameter entsprechen den

---

[85] vgl. Schmidt (2000), S. 403f

Ansprüchen an professionelle MAZ-Formate im Produktionsbereich.[86]

2.1.5. Digital Betacam

Digital Betacam ist eine Sony-Entwicklung und kompatibel zum analogen Betacam SP, weshalb es schnell Standard im professionellen Broadcast-Bereich wurde und Betacam SP immer mehr ablöst. Es zeichnet digitale Komponentensignale zusammen mit vier digitalen Tonsignalen auf eine Kassette mit ½-Zoll-Reineisenband auf. So können einige Generationen ohne sichtbaren Qualitätsverlust kopiert werden. Reineisenband ist ein mit Eisenpartikeln beschichtetes Magnetband, das auch die Aufzeichnung höherer Frequenzen erlaubt. Das mit größeren und nicht so fein verteilten Magnetpartikeln beschichtete Oxidband erzielt aufgrund der raueren Oberfläche einerseits einen schlechteren Rauschabstand, andererseits wirkt es Kopfzusetzern (Verschmutzung im Bereich des Kopfspaltes von Video-, Audio-, Timecode- oder Steuerspurköpfen, die bei der Aufnahme oder Wiedergabe auftreten können) entgegen. Das Reineisenband ist härter, glatter und anfälliger gegen-

---

[86] vgl. Schmidt (2000), S. 404

über Drop Outs[87]. Dadurch wird die Wiedergabe gestört oder der Störspannungsabstand verschlechtert sich. Eine vorbeugende Reinigung der feststehenden Köpfe hilft.

Digital Betacam arbeitet mit einer 10 Bit-Quantisierung, wodurch der Signalrauschabstand gegenüber der 8-Bit-Quantisierung deutlich steigt. Das Komponentensignal wird nach ITU-R 601 abgetastet (also 4:2:2) und mit einem Datenreduktionsfaktor von 2:1 aufgezeichnet. Die Gesamtdatenrate beträgt 125,6 Mbit/s.

Die Kassetten entsprechen den Abmessungen von Betacam SP-Kassetten mit Spieldauern von 40 bzw. 124 Minuten. Die Camcorder sind in ihrer Bauweise ähnlich kompakt wie Betacam SP-Camcorder.[88]

Digital Betacam verwendet zur Datenreduktion die DCT, um die Abwärtskompatibilität zum Betacam SP-Format zu erhalten. Nach der Datenreduktion entsteht am Signalausgang eine konstante Datenrate (Netto-Datenrate von 108,9 Mbit/s). 608 Zeilen mit je 720 Bildpunkten werden abgetastet und eine Datenrate von 218 Mbit/s entsteht, die dann halbiert wird (Kompressionsfaktor 2:1).

---

[87] Drop Outs: Fehlstellen auf dem Band durch ungleichmäßige Magnetisierbarkeit, definiert als gewisser Pegelabfall über eine bestimmte Zeit, zum Beispiel 9 dB über wenigstens 13 μs. Vgl. Schmidt (2000), S. 315
[88] vgl. Schmidt (2000), S. 397f

	DV	DVCAM	Beta SP	Digibeta
Magnetbandbreite	6,35 mm	6,35 mm	12,7 mm=½ "	12,7 mm
Bandgeschwindigkeit	1,88 cm/s	2,82 cm/s	10,2 cm/s	9,7 cm/s
Relativgeschwindigkeit	10,2 m/s	10,2 m/s	5,8 m/s	19 m/s
Schrägspurlänge	34 mm	34 mm	115 mm	123 mm
Videospurbreite	10 µm	15 µm	86 µm	24 µm
Kopftrommeldurchmesser	21,7 mm	21,7 mm	74,5 mm	81,4 mm
Max. Spieldauer (S, M, L)	60/-/270 min	40/-/180 min	32/-/108 min	40/-/124 min
Y-Bandbreite (-0,5 dB)	5,75 MHz	5,75 MHz	5,5 MHz (-3 dB)	5,75 MHz
C-Bandbreite (-0,5 dB)	2,75 MHz	2,75 MHz	2 MHz (-6 dB)	2,75 MHz
Pegelauflösung	8 Bit	8 Bit		10 Bit
Signal/Rauschabstand (Y)	> 56 dB	> 56 dB	> 48 dB	> 62 dB
Abtastratenverhältnis	4:2:0	4:2:0	-	4:2:2
Datenreduktionsfaktor	5:1	5:1	ca. 3:1	2:1
Aufgezeichnete Datenrate	42 Mbit/s	42 Mbit/s		126 Mbit/s
Video-Datenrate	25 Mbit/s	25 Mbit/s		108 Mbit/s
Aufgez. Zeilenzahl/ Halbbild	288	288		304
Anzahl Audiokanäle	2/4	2/4	4	4 (20 Bit)

Tabelle 4: Geometrische Parameter und Signalparameter[89]

---

[89] vgl. Schmidt (2000), S. 397ff

Die Kanalcodierung setzt sich aus einer besonderen Form des SNRZI-Codes[90] zusammen, die als Partial Response IV bezeichnet wird und ein enges Frequenzspektrum erzeugt.

Das Spurbild von Digital Betacam ist dem von D5 ähnlich. Zwischen den Audio- und Videosektoren werden Pilottonfrequenzen aufgezeichnet. Zusammen mit den CTL-Signalen auf der Längsspur bieten sie ein besonders gutes Tracking-Verhalten.

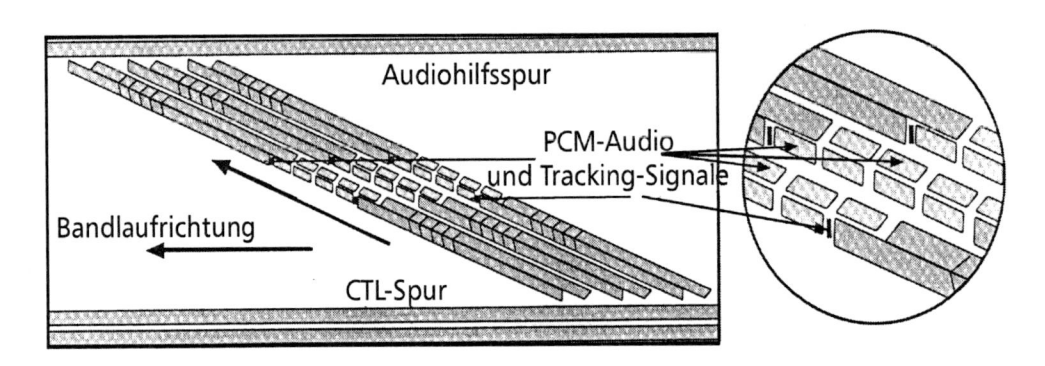

Abbildung 8: Spurlage bei Digital Betacam[91]

Darüber hinaus stimmen die Längsspuren der digitalen und analogen Bänder überein. Bei Digital Betacam entfällt aber eine Audiospur zugunsten des Schrägspurbereichs, ähnlich wie bei der

---

[90] Scrambling Non Return to Zero Inverse: Verwürfelung des NRZI-Codes. Vgl. Schmidt (2000), S. 97
[91] vgl. Schmidt (2000), S. 398

PCM[92]-Audioaufzeichnung. Digital Betacam-Kameras können 4:3 und 16:9 aufnehmen.[93]

2.1.6. Betacam SP

Das analoge Format Betacam SP arbeitet mit Komponentenaufzeichnung. Das Luminanzsignal wird mit einer Bandbreite von 5,5 MHz, die Farbdifferenzkomponenten mit je 2 MHz auf ein ½-Zoll-Magnetband aufgezeichnet. An der unteren Bandkante liegen zwei Longitudinalspuren für CTL- und Timecode-Signale, oben befinden sich zwei Audio-Längsspuren mit 0,6 mm Breite und 0,4 mm Abstand voneinander. Dazwischen liegen die Video-Schrägspurpaare, welche mit Slanted Azimut (bestimmte Kopfspaltneigung, um ein Übersprechen zwischen den einzelnen Spuren, die sehr dicht beieinander liegen, zu verhindern) und einem zusätzlichen Sicherheitsabstand (Rasen zwischen den Spuren) aufgezeichnet werden.

Die Schreibgeschwindigkeit beträgt 5,75 m/s und der Spurwinkel 4,7°. Die Magnetbänder liegen in Kassetten, von denen es zwei

---

[92] Puls Code Modulation: Aufnahme von digitalisierten Audiosignalen, die separat vom Videosignal editierbar sind. Gilt auch für einige analoge Formate wie Video 8, Betacam oder MII. Vgl. Schmidt (2000), S. 342f
[93] vgl. Schmidt (2000), S. 398f

Größen gibt. Die kleinere hat eine maximale Spieldauer von 32 Minuten, die große bietet 108 Minuten Aufnahme.

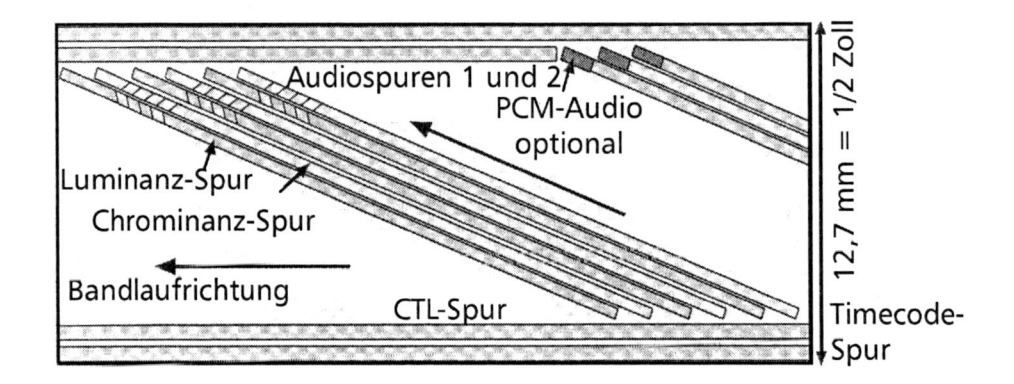

Abbildung 9: Spurlage bei Betacam SP[94]

Das kompakte ½-Zoll-Format mit den ebenso kompakten Camcordern[95] war die Grundlage für EB-Einsätze. In großen Sendeanstalten kommen so genannte Betacarts (computergesteuerte Kassetten-Wechselautomaten bestehend aus mehreren Betacam-SP-Playern) zur Realisierung eines automatischen Sendeablaufs zum Einsatz.

Bei Betacam SP läuft das Band mit einer Geschwindigkeit von 10,1 cm/s. Auch auf den Längsspuren lässt sich damit ein Audiosignal hoher Qualität aufzeichnen (Audiofrequenzbereich von 50 –

---

[94] vgl. Schmidt (2000), S. 372
[95] Verbindung von Kamera und Recorder

15.000 Hz). Das menschliche Gehör umfasst einen Bereich von ca. 16 – 16.000 Hz. Dolby C dient der Rauschminderung und ist abschaltbar. Ein Fremdspannungsabstand von 68 dB wird erreicht. Ein digitaler TBC (Time Base Corrector) sorgt bei Betacam-SP-Geräten für eine Stabilisierung des Signals und für die Zeitexpansion der Farbdifferenzsignale. Mit Hilfe des TBCs können das Ausgangssignal der Maschine, der Schwarzwert (0-100 mV), der Weißwert (+/- 3 dB) und die Chroma-Amplitude (+/- 3 dB) verändert werden.[96]

---

[96] vgl. Schmidt (2000), S. 373ff

2.2. CCD[97]-Chip-Technik

CCD-Chips bestehen aus einer Aneinanderreihungen von Fotodioden. Sie übersetzen Helligkeitswerte in elektrische Signale und geben die Ladungen weiter. Jedes Einzelelement speichert nicht nur seine Ladung, sondern gibt sie auch an das Nachbarelement weiter. Am Ende einer Fotodiodenreihe wird die Ladung in einen Speicher verschoben.

Das Licht fällt über die Kameraoptik auf den sehr lichtempfindlichen CCD-Wandler, ein analoges Bauelement, das wie eine Art Schieberegister funktioniert. Die Spannungen an den Elektroden, die verantwortlich für den Ladungstransport sind, nehmen nur wenige diskrete Zustände an. Die gesammelte lichtabhängige Menge an Ladung ist aber analoger Art. Die Helligkeit wird in einem linearen Vorgang in eine verhältnismäßige Spannung umgesetzt. Doppeltes Licht bedeutet also doppelte Spannung am CCD. Die Helligkeitswahrnehmung des Menschen ist aber logarithmisch, deshalb benötigt dieses System nachträgliche, elektronische Schaltkreise.

---

[97] Charge Coupled Device: Ladungsgekoppeltes, analoges Halbleiterelement

Die unterste Grenze der Empfindlichkeit ist das eigentlich unerwünschte Grundrauschen, das von einzelnen freien Elektronen in den CCDs erzeugt wird. Da dieses Rauschen temperaturabhängig ist (je kälter, desto geringer das Rauschen), wurden die CCD-Chips früher gekühlt, heute reduzieren andere technische Maßnahmen dieses Rauschen. Schon geringste einfallende Lichtmengen (einzelne Photonen) können ein Bild erzeugen.

Fällt dagegen zuviel Licht auf die CCDs, laufen sie ähnlich einem zu vollen Wassereimer über. Je nach der Intensität des Lichts bringt es alle nachfolgenden Elemente auch zum Überlaufen, es entsteht ein so genannter Vertical-Smear-Effekt (heller vertikaler Lichtstreifen durch das gesamte Bild). Dieser Fehler wird durch ein besonderes Chip-Design und Entladungswege reduziert (siehe „Speicherbereiche der CCDs" in diesem Kapitel).

Die CCD-Speicherzelle besteht aus einem so genannten MOS[98]-Kondensator. Durch eine Oxidschicht auf dem Halbleitermaterial ist die Elektrode vom diesem getrennt. Wird eine Spannung an der Elektrode angelegt, bildet sich im Halbleiter eine Potenzialsenke. Dort kann sich Ladung sammeln. Ändert sich das Spannungsniveau, wird die Ladung von einer Speicherzelle zur nächsten, eng

---

[98] Metall Oxid Semiconductor

benachbarten Zelle transportiert. Die höchste Spannung trennt die Speicherzellen, bei der zweithöchsten wird die Ladung gesammelt.

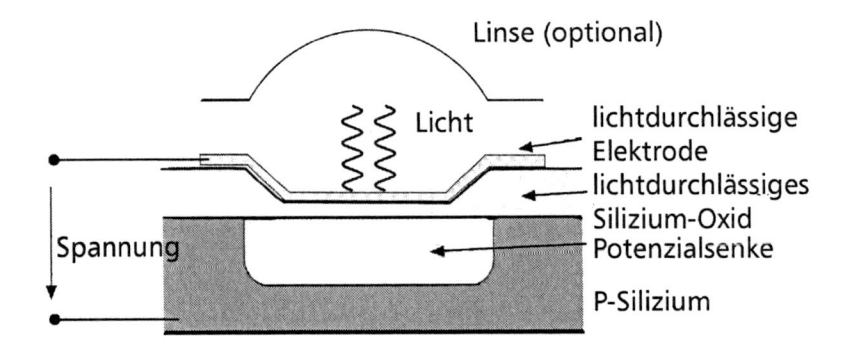

Abbildung 10: Aufbau des MOS-Kondensators[99]

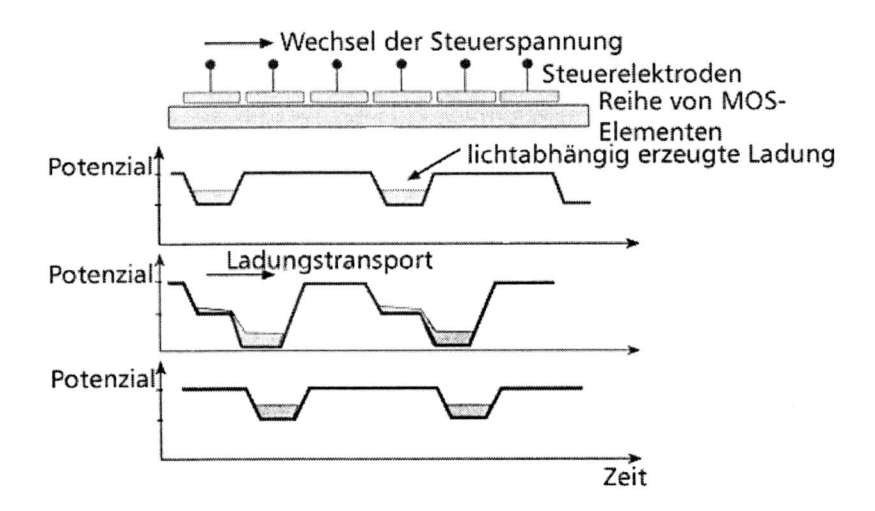

Abbildung 11: Ladungstransfer zwischen CCD-Zellen (3-Phasenbetrieb)[100]

---

[99] vgl. Schmidt (2000), S. 214
[100] vgl. Schmidt (2000), S. 214

Wird an der Nachbarzelle ein Potenzial eingestellt, das noch tiefer liegt, fließt die Ladung zu dieser Nachbarzelle und verschiebt sich räumlich. Über diesen Mechanismus wird die Ladung über die gesamte CCD-Zeile transportiert. Es wird teilweise auch mit zwei oder vier Spannungsniveaus gearbeitet.[101]

Bei Halbleiterbildwandlern, welche in Kameras zum Einsatz kommen, muss die Ladung in den Speicherzellen von der Lichtintensität abhängen, um sie in ein Signal umzuformen, das dem einfallenden Licht entspricht. Im CCD-Chip wird jede CCD-Zelle mit einer Fotodiode kombiniert. Die auftreffende Lichtenergie bildet Ladungsträger in der Sperrschicht der Fotodiode. Mit steigender Lichtintensität werden mehr Ladungsträger gebildet. Beim Ladungstransport in die angeschlossene CCD-Zelle muss diese lichtdicht abgedeckt sein. In der Praxis wird auf die Anordnung mit separater Fotodiode meist verzichtet, die Lichtempfindlichkeit der CCD-Zelle selbst wird zur Lichterzeugung und zum Ladungstransport ausgenutzt. Beim Ladungstransport der Nachbarzellen muss sie vor Lichteinfall geschützt werden.

---

[101] vgl. Schmidt (2000), S. 214f

Das Bild wird bei der Wandlung sowohl horizontal als auch vertikal in Bildpunkte (Pixel) zerlegt. Je mehr Pixel/CCD-Zellen, desto besser ist die Auflösung bzw. die Qualität des Bildwandlers.

Im Chip gibt es noch zusätzliche lichtdicht abgedeckte CCD-Zellen, die nicht zur eigentlichen Bildwandlung genutzt werden, sondern den Dunkelstrom, der in jeder CCD-Zelle durch freie Elektronen erzeugt wird, korrigieren (Optical Black). Um Störfaktoren möglichst gering zu halten, sollte die Anzahl der CCD-Zeilen mindestens der aktiven Zeilenanzahl der Videonorm entsprechen. Aus dem Seitenverhältnis und der Berücksichtigung des Kellfaktors (experimentell ermittelter Wert, der die subjektiv empfundene Bildqualitätsminderung durch das Zeilenraster des Fernsehbildes beschreibt, k = 0,67)[102] ermittelt sich die Pixelanzahl pro Zeile, die mit 800 Pixel pro aktive Zeile bei einer Videobandbreite von 5 MHz ungefähr 520 Pixel betragen sollte, um eine störungsfreie Wiedergabe zu gewährleisten.[103]

Ein Wandler mit einer Bilddiagonale von 11 mm wird 2/3-Zoll-CCD-Bildwandler genannt. Wandlergrößen bis hinab zu ¼-Zoll sind üblich. In professionellem Equipment befinden sich meist 2/3-Zoll-CCDs. Diese sind natürlich teurer als die in Consumer-Equipment

---

[102] vgl. Schmidt (2000), S. 13
[103] vgl. Schmidt (2000), S. 215f

üblichen 1/3-Zoll-CCD-Chips. Die Pixelanzahl muss auf eine Fläche von ca. 0,5 cm² passen. Bei kleineren CCD-Chips ist das Grundrauschen höher, da die kleineren empfindlichen Flächen weniger Spannung liefern. Bei wenig Licht muss die Spannung also verstärkt werden, gleichzeitig wird aber auch das Rauschen erhöht. Kleine CCD-Chips sind zudem nicht so lichtempfindlich wie größere und können damit keine kontrastreichen Motive verarbeiten. Größere Chips bieten folglich den Vorteil, rauscharmer, lichtempfindlicher und kontrastreicher zu sein, allerdings auch teuer in der Herstellung. Je teurer und damit hochwertiger ein CCD-Chip in der Qualität ist, desto höher ist zudem der Ausschuss.

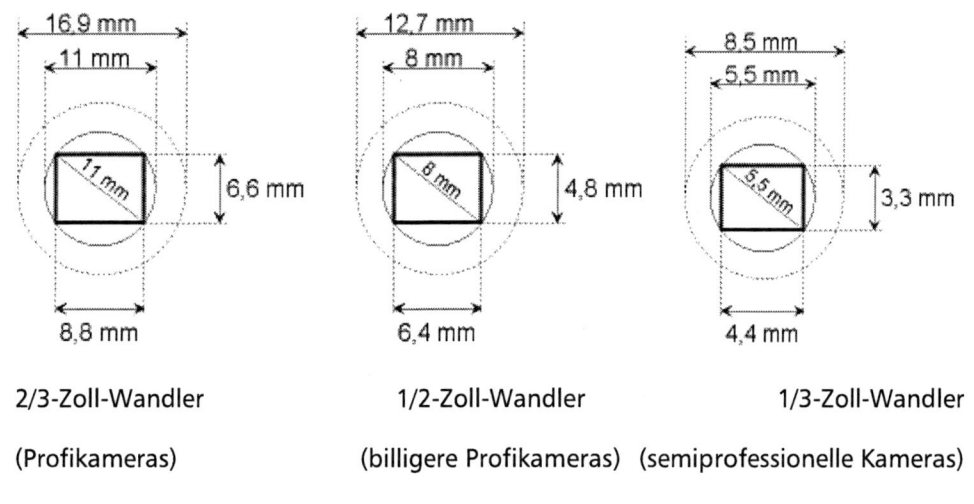

2/3-Zoll-Wandler   1/2-Zoll-Wandler

(Profikameras)   (billigere Profikameras) (semiprofessionelle Kameras)

1/3-Zoll-Wandler

Abbildung 12: Bildwandlerflächen[104]

---

[104] vgl. Schmidt (2000), S. 210

Ein weiterer Vorteil der größeren Chips besteht darin, dass sie weitwinkliger sind als kleine bei gleichem Objektiv, dies beeinflusst die Schärfentiefe (siehe Kapitel 6.2.: Grundlagen der Optik).Wegen des elektronischen Bildstabilisators, den viele Kameras haben, ist die Chipfläche meist größer als notwendig. Der CCD-Chip gleicht mechanische Erschütterungen (Wackler) aus, indem er den inneren Ausschnitt der CCD-Chips jeweils um den errechneten Bewegungsvektor verschiebt und auf die gesamte Fläche aufzoomt (DIS = Digital Image Stabilizer). Wacklige Bewegungen werden so zwar nicht ganz kompensiert, aber dennoch reduziert.

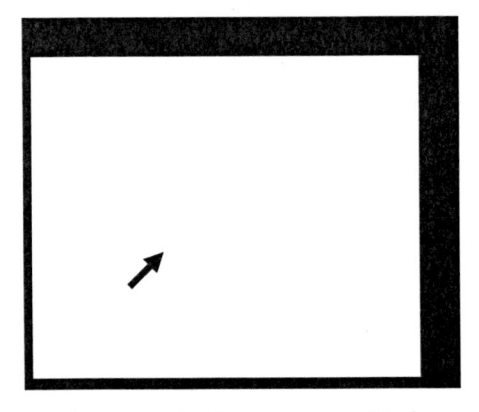

Bestimmung des Bewegungsvektors   Positionskorrektur und Zoom

Abbildung 13: Digital Image Stabilizer Prinzip[105]

---

[105] vgl. Schmidt (2000), S. 254

Fernsehen im Wandel der Technik   91

Für Standbilder (Photo-Shot) wird die volle Chip-Fläche verwendet, das Standbild entspricht dann nicht mehr dem PAL-Format. Diese Bilder werden deshalb auch nicht auf dem DV-Band gespeichert, sondern auf einem separaten Speichermedium (Memorystick).

CCD-Chips sind nicht farbempfindlich. Filter zwischen Objektiv und CCD-Chip übernehmen diese Aufgabe. Bei der 1-Chip-Kamera wird die Filterung auf Pixelbasis vorgenommen, bei 3-Chip-Kameras ist jeder Chip für eine Farbe zuständig. Jedes Bild wird durch Spiegel auf einen der drei CCD-Chips verteilt.[106]

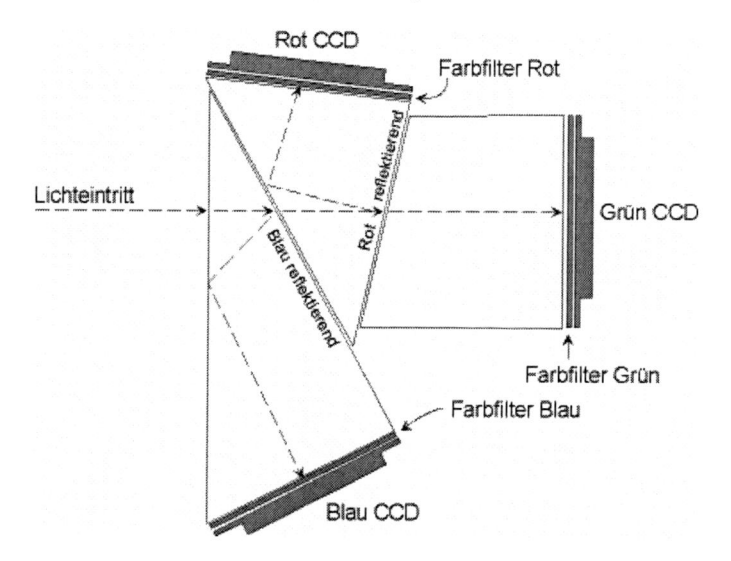

Abbildung 14: Strahlteilerprisma[107]

---

[106] vgl. Schmidt (2000), S. 225ff
[107] vgl. Schmidt (2000), S.226

VJs arbeiten mit einer 3-Chip-Kamera. Das Lichtspektrum lässt sich vereinfacht in drei Lichtarten aufteilen: langwellig (rot), kurzwellig (blau) und mittlere Wellenlänge (grün). Entweder teilt ein Prisma hinter der Optik oder verschiedene Spiegel, die jeweils nur eine bestimmte Grundfarbe reflektieren, das Bild in drei Bilder aus Primärfarben, die zusammengesetzt wieder das Original ergeben. Beim Prisma sind verschiedene optische Gesetzmäßigkeiten wirksam: Teildurchlässigkeit für bestimmte spektrale Anteile des Lichts (dichroitische Schicht), Totalreflexion (Grenzwinkel im Prisma) und Teilreflexion für bestimmte spektrale Anteile des Lichts.

Bei 3-CCD-Chip-Kameras sind die CCDs so montiert und justiert, dass die Pixel im richtigen Raster zueinander stehen und optisch absolut deckungsgleich sind, damit für jedes Pixel ein exakter RGB-Wert ermittelt werden kann.

Die 1-Chip-Kamera ist zwar kostengünstiger, allerdings ist ihr System deutlich aufwändiger und damit fehlerbehafteter. Es gibt nur einen Bildwandlerchip, ein Prisma ist überflüssig. Der Chip wird mit einem Raster aus Farbfiltern überzogen, da er selbst nicht farbempfindlich ist. Die Pixel werden in Gruppen zusammengefasst und interpoliert, um korrekte Aussagen über Helligkeits- und Farbwerte treffen zu können. Ein Pixel genügt dafür nicht, die Ladungen mehrerer müssen miteinander verrechnet werden. Vier Pixel geben Auskunft über die Helligkeit, acht über die Farbe. Die Schärfe ist folglich um den Faktor vier verringert, die Farbauflösung sogar um den Faktor acht. 1-Chip-Kameras lösen feine Strukturen somit nicht so gut auf und haben eine schlechtere Farbbrillanz im Vergleich zu 3-Chip-Kameras. Für professionelle Videoproduktionen sind 1-Chip-Kameras nur in Ausnahmefällen einsetzbar, da die Grenzen dann erreicht sind, wenn die Details im Bild kleiner als die Pixel-Gruppe sind. Sobald ein Bilddetail nur einen Teil des Vier-Pixel-Rasters beleuchtet, kommt es zu Artefakten (zum Beispiel Moiré-Effekte).[108]

Speicherbereiche und Auslesevorgang bei CCDs

Das Ladungsbild der Pixel im CCD-Chip stellt die optische Abbildung dar. Die Ladungen müssen fernsehnormgerecht aus den Zellen ausgelesen und in ein serielles Signal gebracht werden. Dafür müssen sie in den Zellen möglichst lange aufintegriert werden, um eine hohe Empfindlichkeit zu erzielen. Deshalb sind Ladungssammel- und Auslesevorgang in separaten Speicherbereichen getrennt.

---

[108] vgl. Schmidt (2000), S. 225ff

CCD-Chips werden aufgrund der Anordnung ihrer Speicherbereiche in FT-, IT- und FIT-Typen unterschieden.[109]

2.2.1. Frame Transfer (FT-) Chips

Ein FT-Chip setzt sich aus einem lichtempfindlichen Sensorteil, einem lichtdicht abgedeckten Speicherbereich unterhalb des Chips und einer einzelnen CCD-Zeile, die als horizontales Ausleseregister dient, zusammen. Die Ladung, die durch das Licht erzeugt wird, sammelt sich während der aktiven (Halb-)Bilddauer und wird während der Vertikalaustastung in den Speicherbereich verschoben. Die lichtempfindlichen CCD-Zellen dienen auch als Ladungstransportzellen. Jede Fotodiode legt ihre Bildinformation einzeln im Speicher ab. Dort wird sie dann seriell ausgelesen. Damit nicht ständig Ladung abgegeben wird, verwenden Kameras mit FT-Chips einen Shutter in Form einer mechanischen Flügelblende, der während des Auslesens der Information den Chip abdunkelt. Dieser Mechanismus macht Kameras mit FT-Chips relativ resistent gegen Smear-Effekte. Während der Speicherbereich zeilenweise entsprechend der Fernsehnorm ausgelesen wird, werden im Sensorteil die Ladungen des nächsten Bildes gesammelt. Beim Auslesen wird

---

[109] vgl. Schmidt (2000), S. 216f

während der horizontalen Austastlücke die unterste Zeile des Speicherbereichs in das horizontale Ausleseregister übernommen. Dieses Register leert sich während der aktiven Zeilendauer, es entsteht ein serieller Ladungsstrom. Beim FT-Prinzip ist die Pixeldichte sehr groß, ein Vorteil, der eine hohe Empfindlichkeit und ein gutes Auflösungsvermögen sicherstellt. Nachteile ergeben sich aus der Verwendung einer mechanischen Blende und der hohen Kosten, da der größere Speicheraufwand und der Shutter die FT-Chips relativ teuer machen.[110]

2.2.2. Interline Transfer (IT-) Chips

Der Speicherbereich befindet sich beim IT-Chip nicht unterhalb, sondern in der Bildwandlerfläche, die lichtgeschützten Speicherzellen liegen neben den lichtempfindlichen Sensorelementen. Der Speicherbereich besteht aus vertikalen Spalten. Die Ladung wird während der Dauer eines Halbbildes in den Sensorelementen gesammelt. In der vertikalen Austastlücke schiebt sich die Ladung innerhalb eines Bruchteils einer Mikrosekunde in den Speicherbereich, eine Lichtabdeckung während dieses Transportvorganges ist nicht nötig. Dann beginnt wieder die Integrationszeit für das fol-

---

[110] vgl. Schmidt (2000), S. 217f

gende (Halb-)Bild. Wie beim FT-Prinzip liest das horizontale Transportregister die Speicherspalten während dieser Zeit fernsehnormgerecht aus. Ein IT-Chip kommt ohne mechanische Blende aus. Aufgrund der schnellen Übernahme der Ladung in den Speicherbereich ist die Integrationsdauer hoch.

Nachteilig an diesem Verfahren sind die geringe Pixeldichte und vor allem die häufig auftretenden Smear-Effekte. Während des Ladungstransports in den Speicherspalten sind die benachbarten Sensorelemente gleichzeitig dem Licht ausgesetzt, dadurch gelangt Licht in den Speicherbereich und verfälscht die transportierte Ladung. Der Platz für diese Transportwege verringert zudem die lichtempfindliche Fläche. IT-Chips sind deshalb weniger lichtempfindlich als FT-Chips. Häufig werden als Ausgleich für die schlechtere Lichtempfindlichkeit winzige Linsen (microlenses) auf der Oberfläche der Chips aufgebracht, die das Licht bündeln und verstärken. Ein wiederum aufwändiges und teures Verfahren.[111]

2.2.3. Frame Interline Transfer (FIT-) Chips

FIT-Chips verbinden die Vorteile der FT- und IT-Technik, wie der Name schon andeutet. Wie beim IT-CCD besteht der Speicherbe-

---

[111] vgl. Schmidt (2000), S. 218f

reich aus Speicherspalten, unterhalb des Sensorbereichs liegt ein FT-ähnlicher Speicherbereich. Die Ladung wird wie beim IT-CCD zunächst aus den Sensorelementen in die lichtdicht abgedeckten Spalten geschoben, wo sie sehr viel schneller als beim IT-Bildwandler in den Speicherbereich wandert. Dort wird sie normgerecht ausgelesen. Durch Kombination dieser beiden Prinzipien werden mehrere Vorteile erreicht: Die mechanische Blende entfällt, die Smear-Effekte werden aufgrund der hohen Transportgeschwindigkeit in den Speicherspalten stark reduziert. Allerdings sind der hohe technische Aufwand des FIT-CCDs und die gegenüber dem FT-Chip doch relativ geringe Pixeldichte erhebliche Nachteile.

Das Licht, das auf die Speicherspalten fällt, kann weder bei IT- noch bei FIT-CCDs genutzt werden. Bei der On-Chip-Lens-Technik (OCL) wird über jedem Sensorelement eine kleine Linse angebracht, die das Licht, das sonst auf die Speicherspalten fällt und damit verloren geht, auf die Sensoren bündelt. Die damit erreichte Lichtkonzentration reduziert in einem zusätzlichen positiven Resultat die Smear-Effekte, da das Licht nicht mehr direkt auf die Speicherspalten fällt. FIT-Chips sind sehr hochwertig und daher sehr teuer. Sie finden nur in höherwertigen Profikameras Verwendung.[112]

lichtempfindliche Elemente

Transportbereich lichtdicht abgedeckt

Speicherbereich lichtdickt abgedeckt

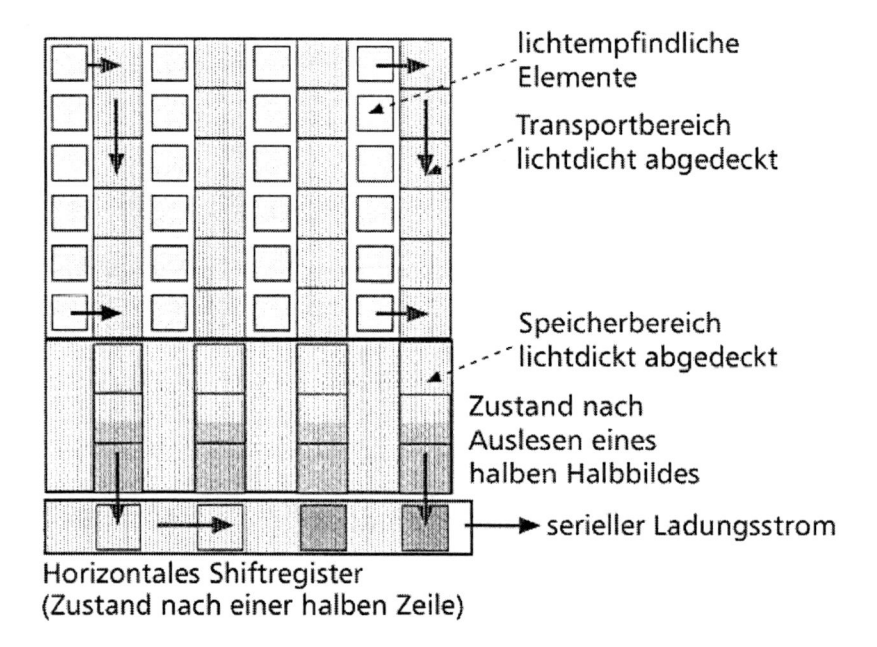

Zustand nach Auslesen eines halben Halbbildes

serieller Ladungsstrom

Horizontales Shiftregister
(Zustand nach einer halben Zeile)

Abbildung 15: Frame Interline Transfer-Prinzip[113]

---

[112] vgl. Schmidt (2000), S. 219f
[113] vgl. Schmidt (2000), S. 219

2.3. Objektiveigenschaften

Für die optische Abbildung ist das Objektiv verantwortlich. Es besteht meist aus mehreren Linsen, die je nach Krümmung (konvex, konkav) das Licht unterschiedlich brechen.

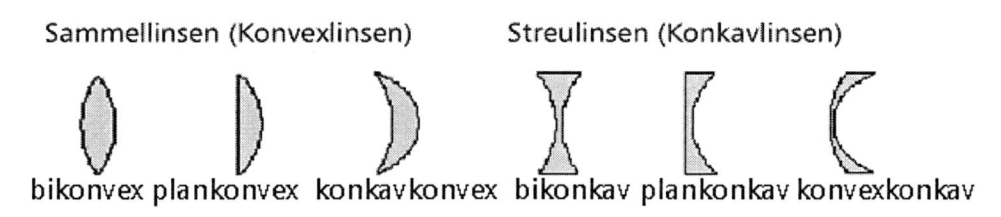

Sammellinsen (Konvexlinsen)   Streulinsen (Konkavlinsen)

bikonvex plankonvex konkavkonvex bikonkav plankonkav konvexkonkav

Abbildung 16: Verschiedene Linsentypen[114]

Auf der optischen Achse in der Mitte der Linse geht der Lichtstrahl ungebrochen durch, je weiter am Rand er auftrifft, umso stärker wird er gebrochen. Der Abstand zwischen Linsenmitte und Treffpunkt der Lichtstrahlen hinter der Linse (Brennpunkt) wird Brennweite genannt, der Abstand zwischen Bezugsebene und Objekt Gegenstandsweite.

Je weiter die Lichtstrahlen von der Linsenmitte entfernt am Rand der Linse auftreffen, umso größer sind die Abbildungsfehler (sphärische oder chromatische Aberrationen).

---

[114] vgl. Schmidt (2000), S. 231f

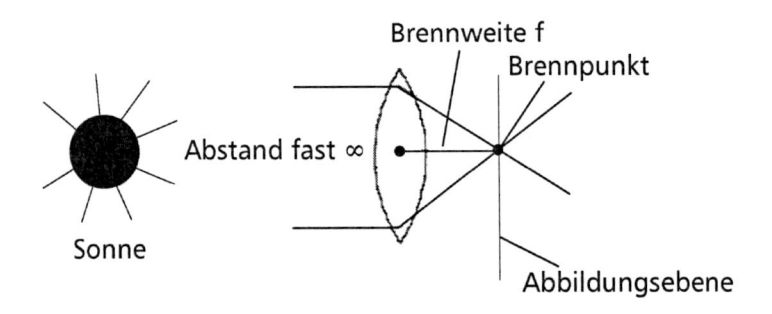

Abbildung 17: Brennweite und Brennpunkt einer Linse[115]

Spärische Aberrationen treten auf, wenn die Lichtstrahlen am Linsenrand stärker gebrochen werden als in der Linsenmitte und sich somit nicht in einem Punkt treffen (unscharfe Ränder). Asphärische Linsen sind sehr teuer.

Chromatische Aberrationen treten auf, wenn am Linsenrand die unterschiedlichen Wellenlängen der Farben unterschiedlich stark gebrochen werden. Mit zwei aufeinander abgestimmten Glassorten können diese Fehler korrigiert werden.[116] In der Praxis kompensieren bestimmte Linsenkombinationen (Objektive) weitgehend diese Fehler. Hochwertige Objektive bestehen aus vielen Linsen, die einen Teil des Lichts (pro Linse ca. 5 Prozent) reflektieren, es kommt somit zu inakzeptablen Transmissionsverlusten. Abhilfe

---

[115] vgl. http://www.1394imaging.com/de/resources/whitepapers/download/basicopticswp.de.pdf
[116] vgl. Schmidt (2000), S. 232

schafft eine Entspiegelung der Linsenoberflächen.[117] Je besser ein Objektiv ist, desto mehr solcher Fehlerkorrekturmaßnahmen sind vorhanden, was natürlich den Preis in die Höhe treibt. In professionellen EB-Kameras sind die Objektive größer und höherwertiger als in DV-Kameras. Dort erlauben kleinere CCD-Chips auch den Einsatz von kleineren und damit preiswerteren Zoomobjektiven, die nur bei semiprofessionellen DV-Kameras austauschbar sind. Das Auflagemaß ist dort meist nicht fest, was Probleme mit der Schärfe zur Folge hat, vor allem beim Zoomen. Zoomobjektive arbeiten mit verschiebbaren Linsenkombinationen im Objektiv.

---

[117] vgl. Schmidt (2000), S. 233f

2.4. Tontechnik

Ein Problem der Consumer-DV-Kameras war lange Zeit der schlechte Ton. Doch mit dem Einsatz von höherwertigen Mikrofonen hat sich dieses Problem mittlerweile nahezu erledigt, allerdings ist es für Videojournalisten wichtig zu wissen, in welchen Situationen sie welche Mikrofone einsetzen können, denn da gibt es durchaus Unterschiede.

Akustische Schwingungen (= Schall) werden über einen Sensor (= Mikrofonmembran) in elektrische Spannungssignale (= Wechselstrom) umgewandelt. Schallwellen haben die Eigenschaft, dass sie sich an Oberflächen brechen und reflektiert werden. Der Schalldruck versetzt die bewegliche, im Mikrofon montierte Membran in Schwingung. Je nach Schalleinfallrichtung/Schalldruckdifferenz gibt es verschiedene räumliche Empfindlichkeiten (wichtig bei Stör- und Nebengeräuschen), auch Richtcharakteristik genannt.

Kugelcharakteristik bedeutet, dass das Mikrofon von allen Seiten gleich empfindlich ist und den Schall auch aus 360 Grad aufnimmt (ungerichtet). Ein Kugelmikrofon eignet sich gut für Atmo-Aufnahmen, bei Interviews mit Nebengeräuschen sollte aber besser eine Niere (gerichtet nach vorne) verwendet werden.

Kugel   Niere   Hyperniere   Acht   Keule

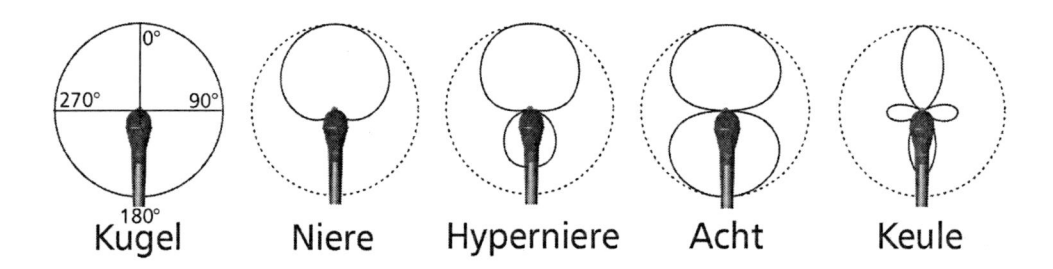

Abbildung 18: Verschiedene Richtcharakteristiken[118]

Mikrofone sind nicht für alle Frequenzen gleich empfindlich (Frequenzabhängigkeit). Meist besitzen sie im tieffrequenten Bereich Kugelcharakteristik, bei höheren Frequenzen eine eingeschränktere Richtwirkung (zum Beispiel Nierencharakteristik). Es gibt auch Mikrofone mit umschaltbarer Richtcharakteristik.

Die zwei wichtigsten Arten von Mikrofonen sind die Kondensatormikrofone und die dynamischem Mikrofone. Sie unterscheiden sich im jeweiligen Wandlerprinzip, also wie sie mechanische Schallschwingungen in elektrische Signale umsetzen. Kondensatormikrofone arbeiten mit einem Plattenkondensator, der bei einer angelegten Spannung Ladungen speichern kann. Dynamische Mikrofone nutzen das Induktionsgesetz.

---

[118] vgl. Henle (1998), S. 125ff

2.4.1. Kondensatormikrofone

Durch Veränderung des Abstands der Platten bei geladenem Kondensator fließen entweder Ladungen vom Kondensator ab oder es gelangen weitere Ladungen auf die Platten. Am Widerstand kann eine Spannung abgegriffen werden. Eine Platte des Kondensators besteht aus einer beweglichen Membran (metallbedampfte Folie oder Metallfolie), die Gegenelektrode bildet ein massiv durchlöcherter Metallblock.

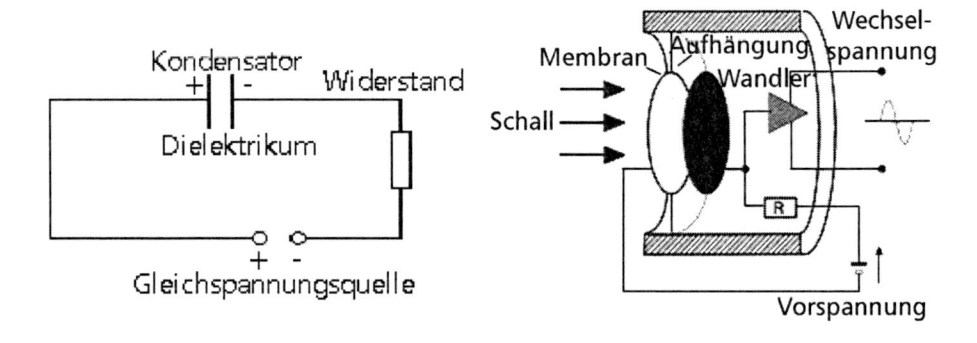

Abbildung 19: Prinzip des Kondensatormikrofons[119]

Der Kondensator wird mit einer definierten, gleich bleibenden Vorspannung (Phantomspeisung von 48 Volt über den XLR-Anschluss an der Kamera) geladen. (Hier ist es wichtig, auch die Stromspeisung im Ton-Set über den XLR-Anschlüssen auf mic und +48 Volt zu stellen, nicht line oder mic ohne Stromspeisung.)

---

[119] vgl. Henle (1998), S. 118

Die bewegliche Membran wird durch die auftreffenden Schallwellen ausgelenkt. Der Abstand zwischen den Elektroden des Plattenkondensators ändert sich und die Ladungen fließen auf den Kondensator oder vom Kondensator weg. Der Ladungsfluss wird durch spezielle Schaltungen und Bauelemente in eine nutzbare Wechselspannung umgewandelt. Diese Schaltung ist auch auf externe Spannungsversorgung angewiesen.

Die Vorteile von Kondensatormikrofonen liegen in ihrer hohen Empfindlichkeit. Sie liefern einen hohen Pegel und eignen sich auch bei leisen Schallquellen. Sie besitzen gute Klangeigenschaften und einen lineareren Frequenzgang, können so auch hohe Qualitätsansprüche erfüllen. Nachteilig sind ihr Preis, ihre Empfindlichkeit gegenüber gröberen Erschütterungen, Feuchtigkeit, Windgeräuschen und Klangveränderungen bei unterschiedlichem Einsprechwinkel sowie die benötigte Stromversorgung (Phantomspeisung). Außerdem kann es in Bereichen über ca. 120 dB (extremer Schalldruck, Schmerzgrenze) zu Verzerrungen kommen.

2.4.2. Dynamische Mikrofone

Dynamische Mikrofone nutzen das Induktionsgesetz: Bewegt sich ein elektrischer Leiter (zum Beispiel eine Spule) in einem Magnetfeld, wird eine elektrische Spannung in der Spule erzeugt (induziert). Im dynamischen Mikrofon wird eine sehr kleine und möglichst leichte Spule an der Membran befestigt. Die Schallenergie trifft auf die Membran und sie bewegt sich um ihre Ruhelage. Die Spule und die Membran werden in Schwingung versetzt (mechanische Energie). In der Mikrofonkapsel befindet sich ein feststehender Dauermagnet mit ringförmigem Spalt, in den die Spule während ihrer Bewegung eintaucht (daher auch der Name „Tauchspulenmikrofone"). Im elektrischen Leiter, also in der Spule, wird dadurch eine Wechselspannung erzeugt (siehe Induktionsgesetz).

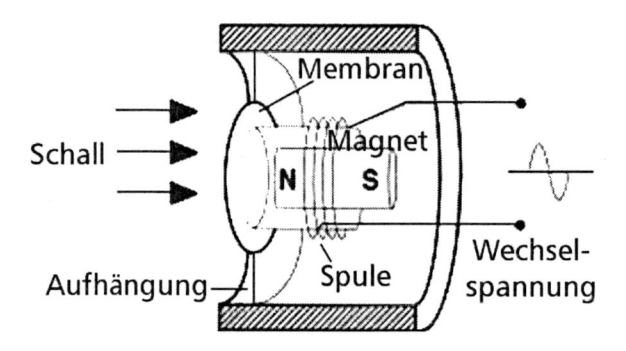

Abbildung 20: Prinzip des dynamischen Mikrofons[120]

Dynamische Mikrofone werden häufig im Live-Bereich auf Veranstaltungen, Podien und Konzerten eingesetzt, da sie robust, langlebig, einfach zu handhaben und zu transportieren sind. Eine Stromversorgung für die Mikrofone ist nicht nötig, sie bleiben

---

[120] vgl. Henle (1998), S. 123

auch bei hohen Pegeln verzerrungsarm und sind daher für laute Schallquellen, zum Beispiel Musikinstrumente (Schlagzeug, Bläser), geeignet. Außerdem sind sie billiger als Kondensatormikrofone. Die Membran ist allerdings vom Gewicht her schwerer als bei Kondensatormikrofonen und dadurch auch schwerer in Schwingung zu versetzen (schlechteres Impulsverhalten). Darunter leidet erstens die Klangqualität und zweitens sind diese Mikrofone unempfindlicher und für geringere Pegel und leise Schallquellen nicht geeignet. Aufnahmen aus der Entfernung sind kaum möglich. Auch die Anfälligkeit für Störgeräusche, wie zum Beispiel Windgeräusche und Anfassen am Gehäuse machen ihren Einsatz in bestimmten Situationen schwierig.

2.5. Digitale Schnitttechnik

Digital Video arbeitet mit digitalen Signalen, es wird nonlinear geschnitten. Früher wurden die Daten beim Einlesen in den Computer enorm komprimiert, da die Festplatten und die Prozessoren mit den großen Datenraten überfordert waren. Festplatten waren damals noch sehr teuer und für heutige Verhältnisse sehr speicherplatzarm. Heute sind die Systemvoraussetzungen und die Zugriffsgeschwindigkeiten der Rechner so hoch, dass die Daten in voller Auflösung eindigitalisiert und ruckelfrei abgespielt werden können.

Im Gegensatz zum analogen, linearen Schnitt ist beim digitalen, nonlinearen Schnitt ein Zugriff auf sämtliche Bild- und Tondaten jederzeit möglich. Der analoge Schnitt kommt auch heute noch oft im aktuellen Bereich vor, da die Zeit des Eindigitalisierens eingespart und kurze Beiträge schnell zusammengebastelt werden können. Die Bänder mit dem Rohmaterial werden nacheinander auf ein Master kopiert, Szene für Szene hintereinander. So sind Änderungen am Anfang des Beitrags nur möglich, wenn danach auch wieder alles dahinter kopiert wird.

Im nonlinearen, digitalen Schnitt können mehrere Fassungen parallel angefertigt (copy/paste im Computer) und jederzeit überall

Veränderungen eingefügt werden. Mit den Möglichkeiten wächst aber auch die Komplexität der Bedienung.

Digital Video wird über eine FireWire-Schnittstelle direkt in den Rechner eingespielt, ohne nochmals komprimiert oder verändert zu werden und somit Qualität einzubüßen. FireWire war der Arbeitstitel der 1995 im IEEE 1394-1995 Standard genormten Gigabit-Übertragungstechnologie mit offener Architektur. Firmen, die diese Technologie implementieren, benötigen also keine Lizenz, müssen sich allerdings an die vorgegebenen Standards halten, um ihre Produkte i-Link/FireWire/IEEE 1394-kompatibel zu nennen.

Apple entwickelte FireWire ursprünglich als Desktop LAN-Technologie, später übergab es sie dann an die IEEE 1394 Working Group. Noch nie war eine schnellere Übertragungstechnologie entwickelt worden.[121]

FireWire überträgt die Datenpakete von DV so, wie sie in der Kamera codiert werden. Bei Digital Betacam-Material und einer Postproduktion am Avid werden die aufgezeichneten Daten bei der Übertragung zuerst codiert und auf dem Rechner wieder decodiert. Avid verwendet einen eigenen speziellen Codec, der immer eine erste Generation des Materials erzeugt. Bei DV bleibt bei ein-

---

[121] vgl. http://www.edv-tipp.de/docs/einstiegsseite.htm

fachem Schnitt (Hartschnitt ohne Effekte und Nachbearbeitung) die Anfangsqualität erhalten.

In der heutigen PC-Generation eignet sich nahezu jeder Rechner für den DV-Schnitt. Wichtig sind schnelle Zugriffszeiten (hohe Prozessor- und Arbeitsspeicherleistung) und eine FireWire-Schnittstelle.

Eine Kompression des DV-Materials findet schon bei der Aufnahme in der Kamera statt (Faktor 5:1), um die großen Datenmengen, die unkomprimiertes Video im PAL-System mit 25 Bilder pro Sekunde verursacht, verarbeiten zu können. Das Bild wird dabei aber nicht fünfmal schlechter. Die DV-Kompression ist zwar verlustbehaftet, allerdings können aus ähnlichen Bildinhalten auch redundante Informationen weggelassen (Farbe und Helligkeit werden nicht für jeden einzelnen Bildpunkt gespeichert, wenn auf einer Fläche viele gleiche Punkte nebeneinander liegen) und später wieder hundertprozentig rekonstruiert werden (verlustfrei). Der DV-Codec, M-JPEG (Motion-JPEG) und MPEG sind die heute gängigsten Verfahren, um die Datenmenge von Videomaterial zu reduzieren.

Da die Farbinformation nur in jeder zweiten Zeile gespeichert wird (aufgrund der 4:2:0-Abtastung), lässt sich DV-Material schlechter Farbkorrigieren (es treten sichtbare Bildqualitätsverluste und Artefakte auf) bzw. Keyen (im Fernsehbereich oft wichtig) als dies bei

Digital Betacam oder andere Profi-Formaten der Fall ist. Bei der Nachbearbeitung und vor allem bei Grafiken und Animationen, die am Computer erstellt werden, ist außerdem darauf zu achten, dass keine illegalen/nicht sendbaren Farben entstehen. In der Kamera kommt es bei richtigen Einstellungen nicht zu illegalen Farben, da im PAL-System gearbeitet wird. Der Computer arbeitet aber im RGB-System. Der RGB-Farbraum ist größer als der PAL-Farbraum.

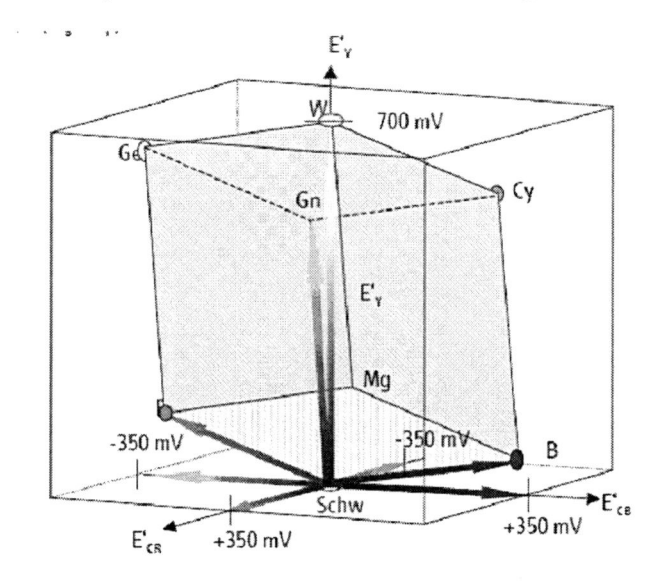

Abbildung 21: RGB-Farbraum im E'_Y-E'_{CR}-E'_{CB}-Farbraum[122]

Bei RGB liegen die Farbwerte zwischen 0 = schwarz und 255 = weiß, bei PAL ist schwarz = 16 (0 mV) und weiß = 235 (700 mV).

---

[122] IRT (Mai 2003): Technische Richtlinien zur Herstellung von Fernsehproduktionen von ARD, ZDF und ORF

Mit den richtigen Einstellungen im Schnitt- und Animationsprogramm sind solche Fehler aber ausgeschlossen und die broadcastspezifischen Normen bleiben erhalten.

2.6. Standards in der Fernsehproduktion

Das Institut für Rundfunktechnik (IRT) beschäftigt sich derzeit mit Digital Video und seinen technischen Spezifika. Da DV heutzutage schon überall in der Fernsehproduktion und in allen Genres – sei es in Reportagen, Spielfilmen oder Nachrichtenbeiträgen – verwendet wird, hat die European Broadcasting Union (EBU) im März 2005 eine technische Empfehlung zu DV im Produktionsalltag abgegeben (EBU R116-2005: „The use of DV compression with a sampling raster of 4:2:0 for professional acquisition"). Die Empfehlung der EBU konzentriert sich darin auf folgende vier Punkte:

- Consumer-DV-Kameras sollten nur verwendet werden, wenn auf Bild und Ton nicht so viel Wert gelegt wird.
- Postproduktion sollte bis auf den normalen Schnitt vermieden werden.
- Sollten Nachbearbeitungen unbedingt nötig sein, muss DV-Material vorher in ein professionelles Format überspielt werden, zum Beispiel in 50 Mbit/s und eine Abtastfrequenz von 4:2:2.
- Die Vermischung von DV-home (4:2:0) und DV-based (4:1:1) sollte auf jeden Fall vermieden werden, da sowohl die horizontale als auch die vertikale Farbauflösung darunter leiden.

Bei dem Gebrauch von Consumer-DV-Equipment, das ursprünglich nicht für den Bereich der professionellen Fernsehproduktion gedacht war, sollte jedem klar sein, dass neben den vielen Vorteilen (Kostenersparnis, mehr Nähe und Intimität, andere Sichtweisen, Langzeitbeobachtungen, etc.) auch die Gefahr der Qualitätsverschlechterung im Fernsehen nicht außer Acht gelassen werden darf. Um das zu beurteilen, hat die EBU die Bildqualität von DV-home (4:2:0) und DV-based (4:1:1) miteinander verglichen und keine „sichtbaren" Qualitätsunterschiede festgestellt.

Darüber hinaus wurden aber Probleme auf zwei Ebenen konstatiert. Erstens beim Filmenden selbst, wenn er nicht genug Übung bzw. nicht die notwenigen Kenntnisse der Technik hat. Cutter beschweren sich häufig, dass zu wenig Schnittbilder, Perspektiven und Einstellungsgrößen gefilmt würden und das meiste Material unbrauchbar sei. Zweitens gibt es technische Restriktionen, beispielsweise ist die Optik nicht gut (Zoomen sollte unterlassen werden), weiterhin beeinflusst die Größe der CCD-Chips die Tiefenschärfe (je kleiner, desto größer der Tiefenschärfebereich und deshalb schwieriger zu gestalten), die beschränkte Chroma-Auflösung kann Probleme beim Chroma-Keying verursachen und die Signalverarbeitung in DV-Kameras ist vereinfacht und eingeschränkt, um möglichst akkusparend zu arbeiten, was vor allem in sehr farbintensiven/detaillierten Bildern sichtbar wird (hier bietet DVCAM aufgrund genau festgelegter Spezifikationen aber eine bessere Signalverarbeitung).

Die Grundanforderungen an das Fernsehmaterial in Deutschland stehen in der Recommendation ITU-R BT.470[123] und ergeben sich aus dem Ausstrahlungsstandard PAL (B und G) basierend auf 625 Zeilen und 50 Halbbildern pro Sekunde (wurde aufgrund der 25 Hertz Netzfrequenz in Europa als Synchronfrequenz und um Interferenzen mit Beleuchtungssystemen zu vermeiden festgelegt). Die Codierungsparameter für digitale Bilddaten stehen in der Recommendation ITU-R BT.601[124] (720x576 auf Pixelbasis).

Der Ton muss bei +6 dBu = 1,55 V (eff) Vollaussteuerungspegel/Studiopegel liegen. Der Bezugspegel (Pegel für den internationalen Programmaustausch) liegt bei -3 dBu = 0,55 V (eff). DV-based (Datenrate 25 Mbit/s und Abtastfrequenz 4:1:1) ist in dieser

---

[123] Conventional Television Systems: Enthält Festlegungen bezüglich der Charakteristik von konventionellen Fernsehsystemen (Standard Television) für 525- und 625-Zeilen-Systeme
[124] Studio Encoding Parameters of Digital Television for Standard 4:3 and Wide-Screen 16:9 Aspect Ratios: enthält Festlegungen für die digitale Kodierung von Videosignalen, spezifiziert den digitalen Studiostandard, der auch Transparent, 601, SDI (Serial Digital Interface: Übertragung von unkomprimierten Video- und Audiodaten, wird insbesondere bei Digital Betacam benutzt, inkompatibel zu FireWire) und in den ARD/ZDF-Richtlinien meist DSC 270 (Digitale Serielle Komponente mit 270 Mbit/s) genannt wird

Richtlinie für News/Aktuelles zugelassen, die Kompression sollte aber dem SMPTE-Standard 314M[125] entsprechen, also 4:1:1 und nicht 4:2:0, wie in VJ-Kameras üblich. DVCAM (4:2:0) ist also offiziell immer noch kein anerkannter Sendestandard in Deutschland.

---

[125] Data Structure für DV-Based-Audio, Data and Compressed Video (25 and 50 Mbit/s): Definiert für DV-based-Kompression die Datenstruktur in der komprimierten und paketierten Datenebene für folgende Parameter: 4:1:1 image sampling structure, 25 Mbit/s data rate/4:2:2 image sampling structure, 50 Mbit/s data rate.

2.7. Sonstige Mängel des VJ-Equipments

Die VJ-Kamera bringt zwar in engen Räumen Vorteile, sonst ist sie im Handling aber schwierig, da ihr geringes Gewicht eine Stabilisierung und ausgeglichene Bewegungen schwierig machen. Denn selbst 1,5 bis 1,7 Kilogramm fangen nach ein paar Minuten „Aus-der-Hand-Filmens" an zu zittern. Jede Bewegung, jedes Muskelzucken überträgt sich auf das Bild.

In den Menü-Einstellungen der Sony DSR PD170P findet sich die Option „Steadyshot on/off". Es handelt sich dabei um einen elektronischen Bildstabilisator. Die aktive Bildfläche ist meist ca. 15 Prozent kleiner als die CCD-Fläche. Das Bild wird um den festgelegten Bewegungsvektor des Wacklers auf der CCD-Fläche verschoben und so korrigiert (Digital Image Stabilisation = DIS, siehe Kapitel 2.2: CCD-Chip-Technik). Die Bewegungen erscheinen so weniger ruckartig, sind aber trotzdem noch sichtbar. Abhilfe schafft nur ein Stativ.

Die Blende ist auf feste Werte voreingestellt (1,6; 2,8; 4; 5,6; 8; 11; 16 – close). Eine Blendenstufe bedeutet jeweils eine Halbierung bzw. Verdopplung der Lichtmenge, die auf die CCDs fällt (kleine Werte = Blende offen, große Werte = Blende nahezu geschlossen). Die Blende kann sowohl automatisch (nicht zu empfehlen) als auch manuell geregelt werden. Allerdings reagiert sie leicht verzögert und springt dann auf die vorgegebenen Blendenstufen. Es entsteht keine kontinuierliche Bewegung, was im Bild sehr unschön wirkt.

Auf verschiedene Lichttemperaturen zu reagieren fällt angesichts der kameratechnischen Möglichkeiten schwer. Es gibt vorgegebene Werte für Kunst- und Tageslicht und einen manuell abspeicherbaren Weißabgleich, der sich während der Aufnahme allerdings nicht korrigieren lässt. Deshalb sind Drehs, die einen fließenden Übergang von einer Außen- in eine Innenraumszene bei Lichttemperaturwechsel vorsehen, mit einer Sony PD170P nicht möglich, es sei denn, die vorgegebenen Lichttemperaturen entsprechen den Kunst- und Tageslichtverhältnissen (3200 und 5600 Kelvin). Eine größere Digibeta bietet zwei Speicherplätze für verschiedene Lichttemperaturen und meist vier Filter (Kunst- und Tageslicht bei verschiedenen Lichttemperaturen), die während des Drehs abwechselnd eingesetzt werden können.

Die Shutter-Zeiten sind ebenfalls automatisch und manuell einstellbar. Folgende Werte stehen zur Verfügung: 3, 6, 12, 25, 50, 60, 100, 120, 150, 215, 300, 425, 600, 1.000, 1.250, 1.750, 2.500, 3.500, 6.000 10.000. Eine Synchronisation mit Computermonitoren gestaltet sich damit schwierig, da diese meist auf ca. 75 Hertz eingestellt sind und im Kamerabild störendes Flimmern sowie durchlaufende Balken auslösen. Eine Digibeta lässt sich hier ebenfalls genauer einstellen und exakt so justieren, dass ein einwandfreies Bild vom Computermonitor abgefilmt werden kann.

Das Display ist zum Einstellen der Schärfe nicht sonderlich gut geeignet. Im Tageslicht wird es schwierig, darauf irgendetwas zu erkennen, da es sehr lichtschwach ist.

Zoomen empfiehlt sich mit der Kamera nur mit viel Übung, die Zoomwippe eignet sich dafür allerdings weniger. Besser ist es, den Zoomring am Objektiv zu benutzen. Am Blendenring fehlt die Skala zur Orientierung.

Im Kameramenü gibt es kaum Justageeinstellungen (Gradation, Black Stretch) zur optimalen Bildeinstellung und -gestaltung.

Da das DV-Format ursprünglich für den Consumer-Bereich entwickelt wurde, sind einige Filter nicht spezifiziert, sondern herstellerabhängig. So zum Beispiel das vertikale Pre-Filter für die Farbdifferenzkanäle beim Abtastraster 4:2:0 in 625/50(PAL)-Systemen. Das vertikale Pre-Filter für die DV-Kompression mit einer Abtaststruktur von 4:2:0 ist im IEC Standard (International Electronical Commission) nicht festgelegt. Alle Kompressionen für SDTV[126] starten mit einem Eingangssignal (z.B. geliefert vom CCD-Chip im DV-Kamerakopf), das eine Abtaststruktur wie bei 4:2:2-Komponenten-Fernsehsignalen aufweist, die in der Empfehlung ITU-R Recommendation BT.601 beschrieben sind. Im Fall der DV-Aufzeichnung wird aber nur eine Abtaststruktur von 4:2:0 aufgezeichnet, das heißt die Farbdifferenzkanäle C_B und C_R sind jeweils nur in jeder zweiten Zeile (pro Halbbild) verfügbar.

Für konsistente und messbare Verhältnisse (zum Beispiel vorhersehbare Bildqualität) bei hintereinander geschalteten Encodern und Decodern (Kaskadierung) oder beim Encodieren mit DV-Camcorder von Hersteller xy und Decodierung mit Software von Hersteller yz wäre es notwendig, genau festzulegen, wie aus einem 4:2:2 Signal die C_B und C_R Anteile für das 4:2:0 Signal generiert werden. Denn nur wenn dies exakt spezifiziert ist, kann der Decoder die gleiche (inverse) Methode verwenden, um aus dem aufgezeichneten 4:2:0-Signal wieder ein 4:2:2-Signal zu generieren. Ist dies nicht festgelegt, kann dies zu Einbußen in der Bildqualität führen, zum Beispiel zu einer Reduktion der vertikalen Chroma-Auflösung mit der Folge von Bewegungsunschärfen oder sogar Bewegungsartefakten.

---

[126] Standard Definition Television

Beispiele:

Variante 1: C_R in Zeile 25 des 4:2:0-Signals ist das C_R aus dem 4:2:2-Signal, wobei C_R aus Zeile 24 und Zeile 26 verloren geht (schlimme Variante, aber in Software durchaus üblich).

Variante 2: C_R in Zeile 25 des 4:2:0-Signals wird aus den C_R-Signalen von Zeile 24 und 25 errechnet.

Variante 3: C_R in Zeile 25 des 4:2:0-Signals wird aus den C_R-Signalen von Zeile 24, 25 und 26 errechnet, Zeile 27 wird aus Zeilen 26, 27 und 28 errechnet usw.

Um diese Unzulänglichkeit zu umgehen, hat Sony für seine DVCAM Implementierungen (Hardware und Software) ein internes vertikales Pre-Filter spezifiziert. Damit ist gewährleistet, dass alle Encoder und Decoder mit der gleichen Methode arbeiten.

2.8. Zusammenfassung der technischen Faktoren

Die Digitaltechnik hat sich in den letzten Jahren im Produktionsbereich etabliert und verdrängt mehr und mehr die analogen Techniken. Dies liegt an der besseren Qualität, dem geringeren Bandbreitenbedarf (durch geschickte Komprimierung) und den sehr geringen Qualitätsverlusten bei Kopiervorgängen. Digitaler Standard in der Fernsehproduktion sind 13,5 MHz, 4:2:2-Abtastrate und 10 Bit Quantisierung (nach ITU-R BT.601-Norm).

Die Qualität des Materials bestimmen vor allem folgende Faktoren: Bandformat und Kompression, Größe und Anzahl der CCD-Chips, Objektiveigenschaften, Handhabbarkeit der Kamera (Größe, Gewicht, Form) sowie Können/Wissen/Erfahrung/Übung des Videojournalisten.

Die Technik der DV-Kamera kann qualitativ selbstverständlich nicht mit einer Digital Betacam mithalten, dafür kostet sie aber auch nur einen Bruchteil. In gewissen Situationen, wenn beispielsweise wenig Platz am Drehort ist oder umständliche Reisen mit möglichst leichtem Gepäck notwendig sind, bietet eine kleinere DV-Kamera Vorteile gegenüber einer großen Digibeta-Kamera.

DV hat seine Schwächen bei diffusen und detailreichen Bildern sowie bei wenig Licht, hier entsteht oft das so genannte Fixed Pattern Noise, ein Dunkelstromrauschen. Bei schnellen Bewegungen entstehen Artefakte und Pixelblöcke. Der Bildinhalt kann an diesen Stellen nicht mehr aufgelöst werden, weil er zu detailreich ist. Wegen der 4:2:0-Abtastung wird auch oft die flauere Farbwiedergabe bemängelt.

Das Objektiv spielt bei Qualitätsanforderungen ebenfalls eine wichtige Rolle. Bei Profikameras ist es austauschbar, außerdem sind sie mit Motorzoom und Stellmotoren für Blende und Schärfe ausgestattet und haben eine seitlich angebrachte Bedieneinheit mit Wippschalter für Zoom, Regler für die Zoomgeschwindigkeit, Schalter für manuelle oder automatische Blendenwahl sowie Auslöser. Diese Funktionen sind auch bequem vom Stativ-Schwenkarm aus mit Hilfe von Hinterkamera-Bedienteilen zu betätigen, denn es gibt eine Buchse zum Anschluss einer Fernsteuerungseinheit. Diese Zusatzkomponenten gibt es bei DV noch nicht, es ist aber zu beobachten, dass Hersteller von Profi-Equipment sich ebenfalls Gedanken über mögliche neue Zusatzgeräte für DV machen.

Das Gewicht und die Größe der Kameras wirken sich auf die Handhabung aus. Profikameras sind voluminöser und schwerer. Ihre Bewegungen wirken runder, sie sind prinzipiell als Schulterkamera für den aktuellen Bereich ausgelegt und haben eine abgerundete Vertiefung mit Schulterpolster. Auch das Zusatz-

Equipment wie Stativ und Mischer für den Ton sind auf die professionelle Arbeit abgestimmt. Der Sucher ist groß und lässt sich in Bezug auf Helligkeit, Kontrast und Dioptrienzahl individuell einstellen. Die Schärfe ist im Sucher ebenfalls besser einzustellen als im LCD-Display einer Consumer-DV-Kamera. Ein kleiner Vorteil des Displays liegt in der Farbigkeit, wodurch die Weißabgleich-Einstellungen erleichtert werden, an Profikameras lässt sich zu diesem Zweck ein zusätzlicher Kontrollmonitor anschließen. Die Blende darf nicht über das LCD-Display der DV-Kamera bestimmt werden, da dieses selbst in der Helligkeit reguliert werden kann und somit keine exakten Ist-Werte liefert.

Sowohl an Profi- wie auch an Amateurkameras sind standardmäßig Atmo-Mikrofone angebracht, deren Qualität ungefähr vergleichbar ist. Trotzdem empfiehlt sich die Benutzung eines externen Mikrofons mit Angel, beispielsweise eines Kondensator-Mikrofons oder hochwertiger Ansteckmikros, welche per XLR-Stecker angeschlossen und aus der Kamera mit 48 Volt Phantomspeisung versorgt werden. Semiprofessionelle DV-Kameras besitzen auch XLR-Eingänge.

Die Kamera selbst wird durch Akkus mit Strom versorgt, wobei DV-Kameras das Signal schlechter verarbeiten, um Strom und Akku zu sparen.

Unsicherheitsfaktoren und nicht normgerechte Implementierungen warten gerade in der Consumer-Welt fast überall. Nichtsdestotrotz ist DV an einem Punkt der Entwicklung angelangt, an dem es auch für professionelle Zwecke eingesetzt werden kann. Preis und Qualität befinden sich in einem optimalen Verhältnis. Kommende Entwicklungen wie HDV, die Consumer-Variante von HDTV, bieten weiteren Möglichkeiten der Fernsehproduktion mit Videojournalisten. HDV ist derzeit bei Dokumentarfilmen mit low oder no budget sehr beliebt.

3. Fernsehen im Wandel der Wirtschaft und Gesellschaft

"Wirtschaftlichkeit muss das Grundprinzip des Fernsehens sein."

Karl-Ulrich Kuhlo (Gründer von n-tv), 2000

Die Finanzierung des Fernsehens regelt der Rundfunkstaatsvertrag (RStV). In Deutschland gibt es neben den Öffentlich-Rechtlichen (ARD und ZDF) auch private Sendeanstalten (duales Rundfunksystem). Das Fernsehsystem ist reguliert, wobei Rundfunkrecht Landesrecht ist, um dieses stark meinungsbildende Medium (nach den Erfahrungen im Dritten Reich) möglichst dezentral und staatsfern zu organisieren. Während für die Öffentlich-Rechtlichen die vorrangige Finanzierungsquelle die Rundfunkgebühren sind (§ 12 Absatz 1 RStV), die jeder Rundfunkteilnehmer zu entrichten hat, finanzieren sich die Privaten hauptsächlich aus Werbung (§ 43 RStV). Die öffentlich-rechtlichen Sendeanstalten erfüllen als Gegenleistung für die Gebühren einen staatlich festgelegten Programmauftrag (Unterhaltung, Information und Bildung für alle Bevölkerungsschichten und -gruppen). Zusätzliche Einnahmen aus Werbung oder Lizenzierung eigener Fernsehproduktionen sind erlaubt, der Rahmen im RStV aber sehr eng vorgegeben. Dauer und Häufigkeit von Werbung bei Privaten sind ebenfalls gesetzlich geregelt (§§ 44 und 45 RStV).

Eine weitere Form der Finanzierung ist das Pay-TV-Angebot, das der Zuschauer bezahlt, um dann eine Auswahl an Programmen angeboten zu bekommen. Dafür stören ihn während der Sendungen keine Werbeunterbrechungen (Beispiel Premiere).

Medienunternehmen entwickeln immer neue Geschäftsmodelle, denn aufgrund der aktuellen Lage in dieser Branche sind Kreativität, Innovationsfreude und Risikobereitschaft gefragt.

Medien allgemein und Fernsehen im Speziellen beeinflussen die Gesellschaft, setzen Trends und sind meinungsbildend. Die Freizeit ist durch Mediennutzung geprägt. 80 Prozent der Deutschen sehen täglich fern, 74 Prozent hören täglich Radio und 53 Prozent lesen täglich Zeitung. Drei von vier Leuten haben einen Internetanschluss, den über die Hälfte auch täglich nutzen (44 Prozent). Das Internet ist immer häufiger die Erstinformationsquelle.[127]

Aber die Gesellschaft beeinflusst auf der anderen Seite auch das Fernsehen. Demografische Entwicklungen bestimmen die Gebühreneinnahmen, die mit sinkender Bevölkerungszahl abnehmen, Finanzierungsengpässe sind die Folge.

Nach Jahren der Expansion, des Aufbaus aufgedunsener Strukturen und überdimensionalen Wachstums im Bereich der New Economy platzte im Jahre 2000/2001 die Internetblase, von der auch das Fernsehen profitiert hatte. Die Aktien fielen in den Keller. Es mussten drastische Rationalisierungsmaßnahmen eingeleitet werden, denn weniger Einnahmen bedeuten sinkende Produktions-

---

[127] SevenOne Media: TimeBudget 12 (2005), S. 7f

bugdets und radikale Sparmaßnahmen. Es werden nach wie vor Möglichkeiten gesucht, das gleiche Programm mit weniger finanziellem Aufwand zu produzieren. In diesem Zusammenhang wird Videojournalismus interessant, da die Kosten gering sind, aber dennoch qualitativ gutes Fernsehen produziert werden kann. Aber nicht nur im Fernsehbereich bringt der Videojournalismus Vorteile, auch andere Verbreitungswege – zunehmend das Internet mit seinen hohen Datenübertragungsraten – und multimediale Plattformen benötigen vermehrt kostengünstiges Videomaterial. In diesem Zusammenhang gibt es auch schon das Berufsbild des Multimedia-Journalisten, der für Websites fotografiert, textet, animiert, filmt, schneidet und die Seite (meist in Flash) zusammenbaut.

Aber auch die gesamtwirtschaftliche sowie die wirtschaftliche Situation der Verbraucher beeinflussen das Konsumklima, welches unter anderem wiederum die wirtschaftliche Situation der Unternehmen bestimmt, die letztendlich das zur Verfügung stehende Werbebudget vorgeben. Wenn es den Unternehmen schlecht geht, wird weniger geworben, die Werbe-Etats werden folglich gekürzt.

Die deutsche Wirtschaft darf nicht unabhängig von der Weltwirtschaft betrachtet werden, die wichtige Impulse für die inländische Entwicklung gibt, zumal Energie- und Rohstoffpreise sowie der Außenhandel großen Einfluss auf die konjunkturelle Dynamik und das Bruttoinlandsprodukt haben. Da auch 2006 die Weltwirtschaft boomt, befindet sich die deutsche Wirtschaft seit 2001 weiterhin auf Erholungskurs. Entscheidender Wachstumsmotor ist nach wie vor der Export. Die Konjunkturerholung sorgt für ein positives Beschäftigungsklima auf dem Arbeitsmarkt.

Der deutsche Werbemarkt setzt aufgrund der positiven konjunkturellen Vorgaben aus In- und Ausland seine positive Entwicklung im dritten Jahr in Folge fort.

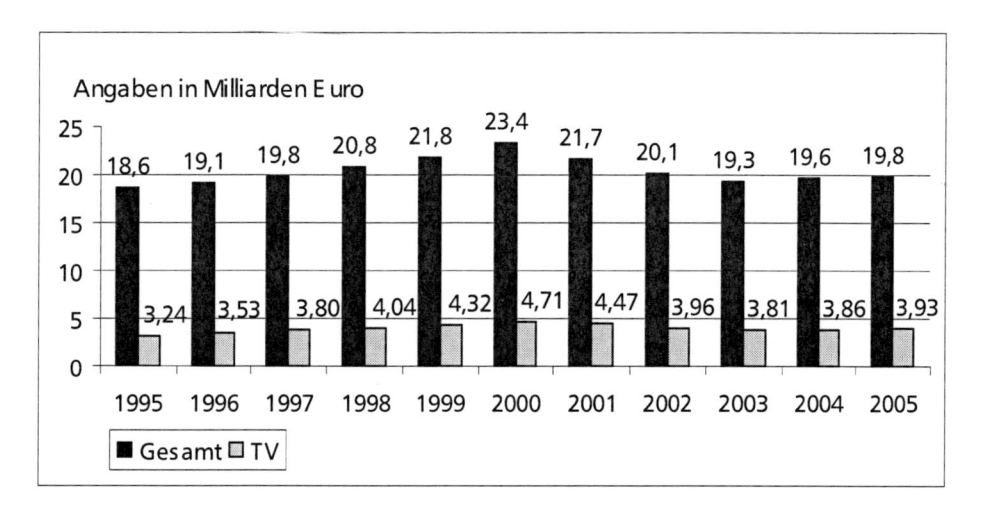

Abbildung 22: Entwicklung Nettowerbeinvestitionen, Quelle: ZAW[128]

2005 stiegen die Nettowerbeinvestitionen der vom Zentralverband der deutschen Werbewirtschaft (ZAW) erfassten Werbeträger um

---

[128] vgl. SevenOne Media: WirtschaftsReport (2006), S. 21f

ein Prozent. Das Rekordjahr 2000 bescherte ein um 3,5 Milliarden Euro höheres Brutto-Werbevolumen. Dieser Wert wurde seither aber nicht wieder erreicht. In den ZAW-Nettodaten sind im Gegensatz zu den Bruttowerten keine Eigenwerbung oder Gegengeschäfte enthalten und sie sind mit Ausnahme von Agenturrabatten auch um Preisabschläge bereinigt. Zusätzlich gehen in die ZAW-Statistik weitere Medienarten mit ein, zum Beispiel Werbung per Post und Anzeigenblätter.

Mit knapp 3,4 Milliarden Euro gehören die Medien zum werbeintensivsten Wirtschaftsbereich, gefolgt von Handel und Versand mit 2,4 Milliarden Euro. Die TV-Werbung befindet sich weiterhin auf Erholungskurs, 2005 wurden 1,8 Prozent mehr investiert als im Vorjahr. TV nahm damit im Vergleich zum Gesamt-Werbemarkt, der nur um ein Prozent zulegte, stärker zu. Damit steht der TV-Werbemarkt hinter der Tageszeitung auf dem zweiten Platz im Ranking der werbeintensivsten Mediengruppen.

Das größte Wachstum verzeichneten auch 2005 wieder die Online-Werbeangebote (+ 22,5 Prozent netto), gefolgt vom Radio (+ 7,4 Prozent). Trotzdem bleiben die Investitionen deutlich hinter dem Rekordjahr 2000 zurück. Auch die Prognosen für das nächste Jahr sind eher verhalten (ZAW: 0 bis 1 Prozent im Gesamt-Werbemarkt, WARC: 2,7 Prozent, ZenithOptimedia: 1,3 Prozent).[129]

Werbetreibende Unternehmen nutzen Medien, um ihre Produkte vorzustellen und den Zuschauer zum Kauf zu animieren. Mit Werbung im Fernsehen erreichen sie viele Menschen mit einer Spot-Schaltung. Die Fernsehnutzung stieg in den letzten Jahren kontinuierlich an und lag 2005 bei durchschnittlich 211 Minuten pro Tag[130]. Fernsehen ist mit Abstand die beliebteste Freizeitbeschäftigung (Beschäftigung in dem Sinne, dass sich der Zuschauer aktiv zwischen mehreren Programmen entscheiden muss, die er dann mit mehr oder weniger Aufmerksamkeit passiv rezipiert) und für die Werbeindustrie immer noch eine der wichtigsten Werbeplattformen, da sie auf diesem Weg viele Konsumenten erreichen. Deshalb wundert es nicht, dass Werbezeiten im Fernsehen teuer sind und der Tausend-Kontaktpreis höher als in den meisten anderen Medien ist (je nach Sendezeit und Einschaltquoten zwischen 17 und 35 Euro, Radio im Vergleich nur ca. 3 Euro)[131].

---

[129] vgl. SevenOne Media: WirtschaftsReport (2006), S. 20ff
[130] vgl. AGF/GfK Fernsehforschung pc#tv
[131] Richtwerte, Schwankungen möglich

Mit 418 Millionen Euro ist der Bereich der Online-Werbung zwar noch relativ unbedeutend, verzeichnet aber seit Jahren die höchsten Zuwachsraten in der gesamten Werbebranche.

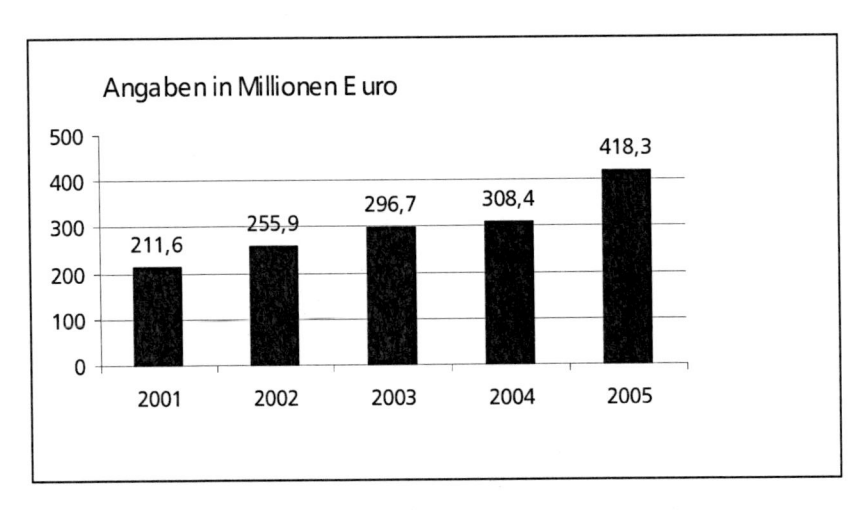

Abbildung 23: Entwicklung Online-Bruttowerbeinvestitionen, basierend auf der Meldung von 26 Vermarktern, Quelle: Nielsen Media Research[132]

Die Zeit, die Surfer täglich im Internet verbringen, ist zusätzliche Mediennutzungszeit, die übrigen Medien leiden nicht darunter. Dies bestätigt auch die Theorie, dass das Internet keine anderen Medien verdrängen wird, sondern eine Ergänzung darstellt (Rieplsches Gesetz, 1913: Eingebürgerte und für nützlich befundene Medien werden niemals gänzlich und dauernd durch neue, höher entwickelte Medien verdrängt. Sie erhalten sich neben diesen,

---

[132] vgl. SevenOne Media: WirtschaftsReport (2006), S. 17

werden aber gezwungen, sich zu verändern und andere Aufgaben/Verwertungsgebiete zu suchen.).

Online-Werbung bietet gegenüber Fernsehwerbung den Vorteil, dass sie zielgerichteter bestimmte Personen anspricht. Bei Werbung im Fernsehen sind die Streuverluste viel höher. Durch Digitalisierung und die Entstehung neuer Kanäle, im besonderen Sparten- und lokale Kanäle, kann Werbung hingegen – abgestimmt auf eine bestimmte Zielgruppe – geschaltet werden, wodurch sie zielgerichteter und aufgrund geringerer Einschaltquoten auch preiswerter wird.

Aufgrund der Digitalisierung ist eine starke Zunahme der Programmanbieter zu beobachten. Das „Relevant Set", also die Sender, die ein Zuschauer besonders oft und gerne sieht, nimmt dabei aber nicht zu. Dabei ist es egal, ob es 25 oder 250 Sender gibt. Die Größe des Relevant Sets stagniert auch in der Multimedia-Umgebung bei fünf bis sechs Sendern, auf die sich 80 Prozent der Fernsehnutzung eines einzelnen Zuschauers konzentrieren. Über das Relevant Set hinaus werden noch ca. 16 weitere Sender in weniger regelmäßigen Abständen genutzt. Von den meisten Sendern, die es auf dem Markt gibt, ahnt der durchschnittliche Zuschauer also nichts, es sei denn, sie bieten ein seinen Interessen entsprechendes Spartenprogramm an. Letztendlich entscheidet immer der

Zuschauer, was er sehen möchte. Die Zuschauerzahlen aus dem GfK-Panel sind ein Maßstab für die Werbegrundpreise und bestimmen somit das zur Verfügung stehende Produktionsbudget des Senders.

Die Digitalisierung löst die Grenzen der Medien und traditionelle Kommunikationsformen auf. Durch Konvergenz (Verschmelzung der Medien-, Informations- und Telekommunikationsbranche, so genannte MIT-Branche) gibt es vielfältige Möglichkeiten, Werbung prominent zu platzieren und über verschiedene Übertragungswege (Fernsehen, Internet, Handy) zu verbreiten. Das Fernsehen bleibt zwar nach wie vor wichtig, die Gesellschaft wird aber multimedialer, nutzt verschiedene Medien und als Folge davon werden die Werbebudgets neu verteilt. Das Fernsehen muss sich gegen mehr Konkurrenz durchsetzen. Gingen 2001 noch 20,6 Prozent des Werbenettobudgets an das Fernsehen, waren es 2005 nur 19.9 Prozent[133]. Ein leichter, aber dennoch ein Rückgang. Am meisten verloren die Tageszeitungen, seit 2000 sank ihr Nettoanteil am Werbekuchen von 28 auf 22,3 Prozent. Das Internet hingegen gewinnt kontinuierlich an Bedeutung (Wachstumsrate brutto: 35,6 Prozent).

---

[133] vgl. SevenOne Media: WirtschaftsReport (2006), S. 22

Fernsehen war lange Zeit ein sehr kostenintensives Medium. Programmbereitstellung rund um die Uhr, die dafür notwendige Technik, das Personal und die Übertragung verschlangen viel Geld. Die Produktion war aufwendig und zeitintensiv, die Technik konnte nur von speziell ausgebildeten und teuren Fachleuten bedient werden. Für kleine, lokale Sender und Fernsehproduktionsfirmen war dies mit der zunehmend schwieriger werdenden wirtschaftlichen Situation ein großes Problem. Mit der Einführung der kostengünstigen und qualitativ trotzdem guten Consumer- und Prosumer-Technik ist es heute möglich, erheblich billiger zu produzieren. Seit der Medienkrise Mitte des Jahres 2001 sind Fernsehschaffende aufgrund wegbrechender Werbe-Etats und somit geringerer Einnahmen gezwungen, ihre Produktionsbudgets drastisch zu kürzen. Arbeitsplatzabbau, Restrukturierungen und Insolvenzen waren die Folge. Diese Entwicklung traf vor allem die privaten Sendeanstalten und die Produktionsfirmen, aber auch die Öffentlich-Rechtlichen können nicht fortwährend mit ausreichenden Einnahmen durch die GEZ-Gebühren rechnen.

Zusammenfassend zeichnet sich die Mediengesellschaft in Deutschland durch eine quantitative Zunahme der Angebote an Medien, eine qualitative Veränderung medialer Angebote und eine quantitative Zunahme der Mediennutzung aus. Medien und vor allem multimediale Möglichkeiten (IP-TV, Mobile-TV) gewinnen an Bedeutung, der Weg geht von einer Informations- zu einer Wissensgesellschaft und Medien spielen dabei eine besondere Rolle bei der Meinungsbildung.

4. Vergleich der Produktionsformen EB und VJ

„Manchmal glaube ich, dass eine ganz neue Art von Journalismus auf uns zukommen wird. In dieser Gesellschaft machen wir folgende Beobachtung: Alles wird selber gemacht, man tapeziert selber – und bald macht jede Straße ihren eigenen Fernsehbericht. Der Journalismus wird seine Faszination des Exklusiven verlieren."

Herbert Kolbe (Chefredakteur der Emder Zeitung), 1994

Ein Redakteur, egal bei welcher Produktionsform, hat bei der Fernsehproduktion immer die gleichen Aufgaben. Er ist Chef der Produktion, künstlerischer Fixpunkt und für den Beitrag letztendlich verantwortlich. Er ist in jeder Phase der Produktion involviert und hat die Aufgabe, aus allen Beteiligten das Beste für das Endprodukt herauszuholen. Er kennt den Ablauf der Produktion genau und weiß, welche Bilder und Szenen er haben möchte. Seine Ideen vermittelt er seinem Team. Er sollte einen groben Überblick haben, wie das technische Equipment funktioniert. Dies erleichtert die Kommunikation und beugt überzogenen Erwartungen und unerfüllbaren Vorstellungen vor. Kennt der Redakteur die technischen und gestalterischen Gesetzmäßigkeiten, kann er darauf auch eingehen und seine Wünsche mit dem Team diskutieren und nach Lösungen suchen. Der Redakteur muss nicht die technischen Details kennen, dafür hat er sein Team. Er muss nicht wissen, wie eine Kamera auf Licht und Dunkelheit genau reagiert, aber er sollte wissen, dass sie es tut und dass zum Beispiel Tageslichteinfall in einem Raum, der mit Kunstlicht erhellt ist, ein Problem darstellen kann. Ebenso problematisch sind Aufnahmen im Gegenlicht oder bei lauten Umgebungsgeräuschen. Als VJ übernimmt der Redakteur noch zusätzliche Aufgaben, aber die wichtigste bleibt nach wie vor die redaktionell stimmige Aufbereitung des Themas und ein Gefühl für die Story. Alle Ausbildungsmöglichkeiten zum Videojournalisten beruhen auf der Erkenntnis, dass die redaktionelle Arbeit im Vordergrund steht. Schöne Bilder machen genügt nicht.

4.1. Herkömmliche Produktionsweise im Fernsehjournalismus

Die herkömmliche Produktionsweise wird im Fernsehen in Westdeutschland schon seit Ende der 70er Jahre praktiziert. Damals wurden die ersten tragbaren elektronischen Schulterkameras mit magnetischer Bandaufzeichnung in den Produktionsalltag eingeführt. Das gedrehte Material wurde linear am 3-Maschinen-Schnittplatz geschnitten. Die Bedienung des technischen Equipments war kompliziert und nur Spezialisten konnten damit umgehen. Die Geräte wogen zudem auch einiges mehr als heute. Deshalb waren nicht selten mehr als drei Leute am Drehort, nämlich Redakteur, Kameramann und ein bis zwei Assistenten zum Tragen, für den Auf- und Umbau und für die Tonaufnahme. Heutzutage sind bei der herkömmlichen Produktion teilweise auch fünf und mehr Leute beteiligt (Redakteur, Redaktionsassistent, Kameramann, Assistent, Cutter, Tontechniker, Sprecher etc.).

Auch wenn jeder Dreh inhaltlich einzigartig ist, gibt es in allen Redaktionen doch einheitliche Workflows, die im Groben bei jeder Produktion gleich ablaufen. Feinheiten in der Arbeitsweise sind natürlich von Redaktion zu Redaktion unterschiedlich. Die Arbeitsweisen sind sowohl bei festangestellten als auch bei freien Redakteuren und Journalisten weitgehend ähnlich. Die Unterschiede liegen in der Disposition, die bei Festangestellten meist die Redaktions- bzw. Produktionsassistenzen übernehmen. Ein freier Redakteur bucht ein EB-Team für den Dreh meist selbst, indem er sich an Produktionsfirmen wendet oder direkt mit freien Kameraleuten und Assistenten telefoniert und Termine abspricht.

Drehvorbereitung Pre-Production	Dreh Production	Drehnachbereitung Post-Production	
• Themenfindung	• Regie	• Schnitt	
• Stoffentwicklung	• Kamera	• Audio-Nachbearbeitung	
– Recherche	• Beleuchtung	• Bild-Nachbearbeitung	
– Exposé	• Ton	• ...	Beitrag
– Treatment	• Effekte		
– Storyboard	• Kostüme/Ausstattung		
• Projektentwicklung	• ...	• Redakteur	
• Drehvorbereitung/-planung	• Redakteur	• Cutter	
• ...	• Kameramann ⎤	• Tontechniker/-ingenieur	
• Redakteur	• Assistent ⎦ EB-Team	• Sprecher	

Abbildung 24: Produktionsablauf im Fernsehjournalismus, eigene Darstellung

Die Drehvorbereitungen bei der herkömmlichen Fernsehproduktion trifft der Redakteur in der Regel alleine, manchmal helfen Redaktionsassistenten beim Recherchieren und Organisieren. Erst beim Dreh kommen Kameramann und Assistent dazu. Ist das Material fertig gedreht, folgt der Schnitt. Ein Cutter schneidet den Beitrag in Zusammenarbeit mit dem Redakteur. Danach geht der Beitrag in die Vertonung und dann auf Sendung.

Die Verantwortung für die Beiträge liegt beim Redakteur, denn die Ideen und Themen kommen von ihm. Er denkt sich die Handlungsstränge und Bilder aus. Diese muss er seinem Team vermitteln. Teamarbeit bietet den Vorteil, dass jeder genau weiß, was seine Aufgaben sind und dass jeder auf seinem Gebiet routiniert ist. So gibt jeder sein Expertenwissen und -können zum Beitrag mit dazu. Der Redakteur kümmert sich um die Stimmigkeit und Dramaturgie der Geschichte, der Kameramann um die Bildgestaltung, der Assistent um den Ton und der Cutter um den Schnitt, wobei auch Assistenten Bildvorschläge machen und der Redakteur im Schnitt seine Ideen dazugibt. Es kommt also Input von mehreren Personen und während der Produktion gibt es immer wieder frische Sichtweisen auf das Produkt, die seine Stimmigkeit hinterfragen.

Läuft es optimal, ergänzen sich alle zu einem Team und jeder gibt sein Bestes zum Beitrag dazu. Der Arbeitsablauf ist effektiv, schnell und ergebnisorientiert, ein qualitativ hochwertiges Endprodukt garantiert. Es kommt leider aber auch vor, dass zwischenmenschliche Differenzen die Arbeit im Team erschweren. Darunter leidet am Ende auch der Beitrag.

4.1.1. Drehvorbereitung

Der erste Schritt in der Drehvorbereitung ist die Themenfindung. Gute Themen beinhalten meist wenigstens eines, oft mehrere dieser Kriterien: Es handelt sich um Neuigkeiten, sie sind wichtig für die Zuschauer (Service-Themen), werden auf lokale Bereiche heruntergebrochen („Me"-Bezug, Nähe) und/oder wecken durch Skurrilität/Ungewohntheit das Interesse des Zuschauers. Gute Themen finden Redakteure überall, zum Beispiel in ihrem eigenen Lebensumfeld, auf dem Weg zur Arbeit, auf einer Party usw., ein Redakteur hat eigentlich nie Feierabend.

Zum Großteil stammen die Themen aus Agenturen und anderen Medien. Vielen Redaktionen fehlen die finanziellen Mittel zur intensiven Recherche. Deshalb sind Presseagenturen (dpa, Reuters, u. a.) wichtig. Anregungen kommen oft auch von außen in Form von Leserreaktionen oder Pressediensten (PR, Verteiler). Die Themen werden redaktionell aufgearbeitet, dabei hilft das auch aus anderen Bereichen bekannte AIDA-Prinzip, um die richtige Dramaturgie zu finden.

Drei Komponenten sind in der Regel wichtig für eine gute Geschichte: Geschädigte, Verursacher und Experten. Da Fernsehen ein visuelles Medium ist, muss das Thema bildstark sein, die Aussagen müssen sich in Bildern transportieren lassen.

Attention
Die Aufmerksamkeit des Zuschauers gewinnen: spannender Einstieg, ungewöhnliche Bilder

Interest
Das Interesse des Zuschauers wecken: Offene Fragen aufwerfen, Bezug zum Zuschauer herstellen („Me"-Themen)

AIDA

Action
Wunsch in die Tat umsetzen, Beitrag anschauen

Desire
Den Wunsch erzeugen weiterzuschauen. Hilfsmittel: Nähe, Personalisierung, Emotionalisierung

Abbildung 25: AIDA-Prinzip im Fernsehen, eigene Darstellung

Der Redakteur bereitet den Sachverhalt in einem so genannten Exposé auf, das das Thema in seinen Grundzügen beschreibt, auf die Haupthandlungsteile herunter bricht und es transparent für den Leser macht. Die sieben wichtigsten Fragen müssen im Beitrag beantwortet werden: Wer, was, wann, wo, wie, warum und woher.

Bevor das Exposé verfasst wird, recherchiert der Redakteur (Anrecherche), wägt die Tauglichkeit des Themas ab, das heißt er überprüft, ob es für Zuschauer überhaupt interessant sein könnte und definiert das Ziel des Berichtes (rein informativ, emotional, neutral, etc.). Dann hinterfragt er seine Quellen, denn das Thema muss richtig, wahr und vollständig aufgearbeitet werden. Der Journalist muss sich immer seiner meinungsbildenden Tätigkeit bewusst sein und hat deshalb neben allen Freiheiten auch Pflichten zu erfüllen.

Sorgfaltspflicht
Sorgfältige Recherche, wahrheitsgetreue Berichterstattung

Öffentliche Funktion
Ausführung einer meinungsbildenden Tätigkeit

JOURNALIST

Schranken
Persönliche Ehre
Jugendschutz
Strafrecht
Privatsphäre

Quellen
Fremdmaterial und Fotos nur mit Genehmigung; nicht einfach abfilmen
→ kann hohe Kosten verursachen

Abbildung 26: Aufgaben und Pflichten eines Journalisten, eigene Darstellung

Mit dem erstellten Exposé bewirbt sich der Redakteur entweder bei der eigenen Redaktion (angestellter Redakteur) oder bei Fernsehsendern (freier Redakteur). Findet das Thema irgendwo Gefallen, kann die Umsetzung erfolgen.

Im Internet beginnt heutzutage meistens die Hauptrecherche, in vielen Redaktionen wird nur noch „gegoogelt". Google.de ist die beliebteste Suchmaschine. Das Internet eignet sich besonders dafür, sich oberflächlich über ein Thema zu informieren. Expertengespräche und gründliche Überprüfung der Informationen werden dadurch nicht überflüssig. Dies gehört unter anderem zu den Aufgaben eines Journalisten. Um das Thema greifbarer zu machen, wird das Exposé an dieser Stelle des Arbeitsprozesses detaillierter überarbeitet und ein Treatment geschrieben. Dort steht Bild für Bild, wie der Beitrag aussehen soll. Meist werden vor Ort beim Dreh noch einzelne Dinge verändert, denn der Redakteur kann im Vorfeld nicht genau wissen, welche Bilder und welche Aussagen er am Drehort bekommt. Fernsehen ist ein Bildmedium, also müssen die Bilder auch attraktiv sein. Vor allem der Einstieg in den Beitrag muss visuell etwas bieten („Eyecatcher"), damit beim Zuschauer das Interesse aufkommt, den Beitrag zu Ende zu schauen. Deshalb werden die besten Bilder oft an den Anfang gestellt.

Das Treatment dient nicht nur der Redaktion zur Abnahme, sondern in allererster Linie der Realisierung des Beitrags. Bei Dreh und Schnitt ist ein gut geschriebenes Treatment eine wertvolle Stütze. Es legt den Erzählsatz fest, bereitet die Interviews vor und dient als visuelles Storyboard. Jeder, der an der Produktion beteiligt ist, sollte es vorher lesen, da es erheblich die oft missverständliche Kommunikation verbessert. Das Treatment dient weiterhin beim Dreh als Checkliste und beugt Nachdrehs vor, indem Fehler vermieden

Vergleich der Produktionsformen EB und VJ

und alle Szenen abgedreht werden. Ein gut ausgearbeitetes Treatment erleichtert auch Sichten und Schnitt. Eine gute Vorarbeit erspart Probleme und Stress bei der Produktion. In vielen Redaktionen ist ein Treatment deshalb Pflicht: Ohne Treatment kein Auftrag. Das Treatment wird vom Chef vom Dienst (CvD) oder vom Chefredakteur abgenickt und Ergänzungs- bzw. Verbesserungsvorschläge eingearbeitet. Sind Thema und Umsetzung klar, muss der Dreh organisiert werden. Dabei greift eine Phase in die andere und alle beeinflussen sich gegenseitig.

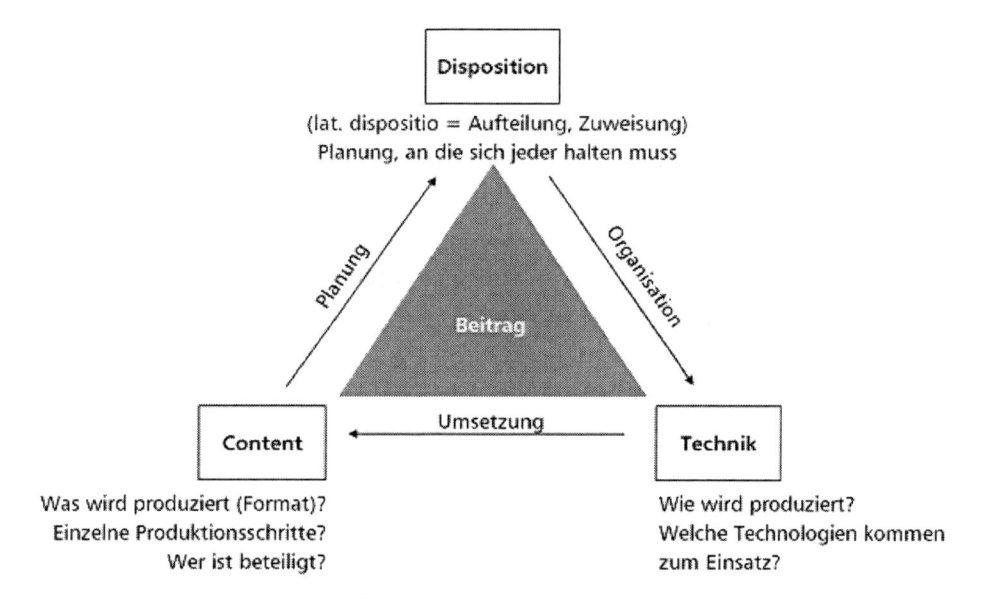

Abbildung 27: Organisation in der Drehvorbereitung, eigene Darstellung

Steht der Inhalt fest, wird eine Disposition geschrieben, die wichtige Punkte wie Drehorte, Ansprechpartner, Telefonnummern, Uhrzeiten etc. enthält. Die Disposition macht auch Angaben über die Technik, die für die Umsetzung des Inhalts gebraucht wird (Zusatz-Equipment, Restriktionen am Drehort, etc.). Ohne diese exakte Planung ist kein Dreh möglich, da bei der EB-Produktion mehrere Personen involviert sind, die genau Bescheid wissen müssen, was sie wann und wo zu tun haben. Dies macht diese Form der Produktion einigermaßen vorhersehbar, allerdings auch relativ unflexibel.

Die einzelnen Planungsphasen sind voneinander abhängig. Der Inhalt bestimmt die Disposition (zum Beispiel Außendrehs vor Innendrehs wegen den unvorhersehbaren Wetterverhältnissen). Die Disposition ist wichtig für die Organisation der Technik und die verfügbare Technik bestimmt wiederum die Umsetzung des Inhalts bzw. den Look des Beitrags. Sobald die Planung feststeht, wird das Drehteam gebucht. Manchmal muss die Planung dabei noch angepasst werden, je nachdem, wie die EB-Teams Zeit haben. In größeren Redaktionen erledigen Redaktions- bzw. Produktionsassistenzen die organisatorischen Details. Ein freier Redakteur vereinbart die Termine mit allen Beteiligten selbst. Auch Dinge wie Requisite, Drehgenehmigungen, technisches Equipment (Zusatzkamera, versteckte Kamera, etc.), Komparsen (zum Nachstellen von Szenen) müssen eingeplant und terminlich organisiert werden.

4.1.2. Dreh

Am Dreh sind meist mindestens drei Leute beteiligt: Redakteur, Kameramann und Assistent. Sind zusätzliche Anforderungen (zweite Perspektive, versteckte Kamera, Schauspielerszenen, etc.) gestellt, sind entsprechend mehr Beteiligte vor Ort.

Der Kameramann

Er setzt die Idee des Redakteurs bildgestalterisch um und gibt kreativen Input. Er bietet dem Redakteur Bilder an und macht Gestaltungsvorschläge. Er ist verantwortlich für die Lichtsetzung und kümmert sich um alle technischen Aspekte der Dreharbeiten. Er ist gleichzeitig Künstler und Techniker. Unterstützung erhält er von seinem Assistenten.

Der Assistent

Er ist eine unverzichtbare Hilfe für den Kameramann, da er sich um die Ausrüstung und den Ton kümmert. Er packt das Equipment zusammen und kontrolliert mit dem Kameramann die Funktionstüchtigkeit aller Ausrüstungsbestandteile sowie die Vollständigkeit. Er fährt meist das EB-Fahrzeug und baut die Ausrüstung am Drehort auf, während der Kameramann mit dem Redakteur die Umsetzung des Beitrags diskutiert und sich von den örtlichen Gegebenheiten ein Bild macht. Während des Drehs ist der Assistent hauptsächlich für den Ton zuständig, er angelt und pegelt, gibt aber auch bildgestalterischen Input für den Kameramann. Ein Assistent wird in der Regel später selbst Kameramann. Heutzutage werden aus Kostengründen oft die Assistenten weggelassen, der Kameramann übernimmt dann beim Dreh auch die Tonaufnahme.

Das Equipment besteht zum Beispiel aus einem PKW, bei aufwändigeren Drehs auch aus einem Kleinbus, der mit einer digitalen Betacam-Recordereinheit (Kosten der Kamera mit hochwertigem Standard- und Wechselobjektiv ca. 80.000 Euro) beladen wird. Zusätzlich kommen ein solides Stativ, Akkus und Ladegeräte sowie ein batteriebetriebener Farbmonitor dazu. Im Tonbereich arbeitet der Assistent mit einem SQN-Tonmischpult, einem Richtmikrofon, einem Handmikrofon, zwei Ansteckmikrofonen und einer drahtlosen Mikrofonfunkstrecke, je nach Situation. Lichtkoffer (meist vier Dedolights) und Farbfilter sowie Abdecktücher (gegen Reflexionen) und Styroporplatten/Aufheller dürfen nicht fehlen. Eine Schicht dauert meist zehn Stunden mit einer Stunde Mittagspause und kostet ca. 900 Euro inklusive Kameramann und Assistent. Zusätzliche Kosten entstehen durch Kilometerleistung, Gebühreneinheiten des Handys und eventuell anfallenden Überstunden. Je nach Einsatzart (Imagefilm, News-Beitrag, Reportagedreh) und Kameratyp können diese Preise jedoch stark variieren.

Drehen ist bei der herkömmlichen Fernsehproduktion Teamarbeit. Der Redakteur kennt die Geschichte und hat auch Bilder dazu im Kopf, die er seinem Team mitteilt. Der Kameramann weiß, dass er verschiedene Einstellungen und Ausschnitte drehen muss (Totale, Detail, Halbnah etc.). Dabei müssen auch Anschlüsse für den Schnitt später beachtet werden. Die Continuity (chronologisches Fortschreiten der Handlung ohne Bildsprünge) muss gewahrt bleiben. Der Kameramann kennt dabei die Gestaltungsmöglichkeiten natürlich viel besser und macht seinerseits bildgestalterische Vorschläge.

Psychologisch gesehen ist die Fernsehproduktion immer eine Herausforderung, denn es arbeiten mehrere Menschen an einem Produkt. Dabei kann es zu Spannungen kommen, die sich negativ auf die Arbeit auswirken. Dem Redakteur kommt die Rolle des Vermittlers auf allen Ebenen zu, der professionellen wie auch der menschlichen, denn er ist der Verantwortliche. Aber nicht bei jeder Zusammenarbeit stimmt die Chemie zwischen den Beteiligten. Dagegen ist leider oft nichts zu machen. Durch schlechte Stimmung im Team und bei den Protagonisten leidet unweigerlich die Qualität des Beitrags.

4.1.3. Drehnachbereitung

Ist der Dreh beendet, fängt die Postproduktion an. Dazu gehören Sichtung des Materials, Erstellung einer Log-Liste[134], Schnitt, Texten, Vertonung und zusätzliche Effekte. Im Normalfall entsteht im professionellen Bereich ein Drehverhältnis von 20:1, das heißt, es wird zwanzigmal mehr gedreht als letztendlich im Schnitt verarbeitet und als fertiger Beitrag gesendet wird. Dies ist nur ein Richtwert und von den Anforderungen und Gegebenheiten beim Dreh abhängig, ebenso natürlich auch von den Fähigkeiten des Kameramanns. Das gedrehte Material wird vorher vom Redakteur und/oder Praktikanten gesichtet und eine Schnittliste (Log-Liste) mit genauen Timecodes und Bildbeschreibungen erstellt. Im Schnitt kann so leichter entschieden werden, welches die besten Bilder sind, was überhaupt benötigt wird und wie alles zusammenpasst. Außerdem muss nicht das komplette Material eindigitalisiert werden, das spart Zeit.

Im tagesaktuellen Bereich (zum Beispiel Nachrichten) wird oft noch linear geschnitten. Damit entfällt das Digitalisieren und es kann sofort geschnitten werden. Allerdings bedarf der lineare Schnitt einer guten Vorbereitung, denn, einmal geschnitten, sind Änderungen

---

[134] Schnittliste mit Timecodes, Einstellungen, Bildinhalt, Dauer etc.

nur mit einigem Aufwand möglich. Üblicherweise arbeiten Cutter mit nonlinearen Schnittsystemen, beispielsweise mit Avid oder im semiprofessionellen Bereich auch mit Final Cut Pro von Apple.

Der Redakteur muss auch beim Schnitt erst dem Cutter seine Ideen erklären. Dieser entscheidet dann, wie die gedrehten Bilder aneinander passen und gibt kreativen Input, nachdem er sich das Material angeschaut hat. Der Cutter ist ebenso wie der Kameramann Künstler und Techniker in einem. Er bedient das Schnittsystem und kennt die technischen Details. Aber er beherrscht auch die Schnitttechnik, erkennt Achsensprünge und andere Schnittfehler, weiß, wie lange ein Bild stehen darf und wann geblendet oder hart geschnitten werden muss. Im Schnitt herrscht ebenfalls Teamarbeit.

Während des Schnitts textet der Redakteur. Dies erspart Zeit. Die Musik sucht er meist zusammen mit dem Cutter aus, der Hilfestellungen gibt, denn Musik ist sehr wichtig und stark verantwortlich für die Wirkung des Beitrags. Sie kann Stimmung verstärken, abschwächen und sogar umkehren. Je nach Größe des Produktionsunternehmens erfolgt die Tonbearbeitung anschließend getrennt im Tonstudio durch einen professionellen Tontechniker oder Toningenieur. In den meisten Fällen kümmert sich aber der Cutter um die richtige Pegelung der Tonspuren. Nach den Ton- und Effektbearbeitungen ist der Beitrag abnahmefertig, besprochen wird er erst nach der Abnahme des CvDs/Chefredakteurs. Während der Abnahme liest der Redakteur parallel laut mit, so kann auch gleich entschieden werden, ob es neben eventuellen Bild- auch Textänderungen gibt. Ist dies der Fall, wird alles noch einmal überarbeitet und ein zweites Mal vom CvD oder Chefredakteur kontrolliert. Wenn dann alles stimmt, wird der Text meist von einem professionellen Sprecher, teils aber auch vom Redakteur selbst gesprochen. Danach kann der Beitrag auf Sendung gehen.

Das Equipment besteht im Schnitt nicht nur aus einem Rechner mit Schnittsoftware, sondern aus vielen Zusatzgeräten, zum Beispiel aus einem digitalen Bildmischpult, einem Schriftgenerator, einem Effektgerät, verschiedenen MAZen (Betacam-SP-Recorder/-Player, Digital Betacam-MAZen, DVD-Player, DV-MAZen – je nach Bedarf) und weiterer Studiotechnik, je nach Ausgangsmaterial.

In der Audiotechnik entspricht die Ausrüstung fast der eines Tonstudios, zum Beispiel Tonmischpult, Graphic Equalizer, Compressor-Limiter, Hallgeräte, CD-Player, DAT-Recorder, Hard-Disc-Recording und Sprecherraum. Die Kosten pro Arbeitstag (von 9 bis 18 Uhr mit Pause) belaufen sich (gerundet auf Basis mehreren Preislisten großer Fernsehproduktionsunternehmen in Deutschland) inklusive Cutter auf ca. 1.400 Euro.

4.2. Arbeit der Videojournalisten im TV

Der Begriff „Videojournalist" ist ebenso wie „Journalist" rechtlich nicht geschützt, da es sich um eine beschreibende Bezeichnung und um ein offenes und freies Berufsbild handelt. Es gibt für beide Berufe auch keine feste oder vorgeschriebene Ausbildung, die Wege ans Ziel sind vielfältig. Die Aus- und Weiterbildungsprogramme sind alle ähnlich angelegt, am Anfang findet meist ein mehrere Wochen dauernder Intensiv-Crash-Kurs – ein so genanntes Bootcamp – statt, um die angehenden Videojournalisten in den Grundlagen ihrer Aufgaben zu schulen und mit dem Equipment vertraut zu machen.[135]

In der VJ-Ausbildung liegt der Schwerpunkt weniger bei den technischen Details, als vielmehr bei der journalistischen Ausbildung. Aber auch die sichere Handhabung der Kamera und die Bedienung des Schnittsystems werden geübt. Nach dem Bootcamp geht für die Videojournalisten in Ausbildung der Arbeitsalltag los, parallel finden meist noch Schulungen statt (vgl. Kapitel 5.: Erfahrungen mit Videojournalisten). Übung im Umgang mit der Ausrüstung und Routine beim Dreh sind sehr wichtig, denn am Drehort führt

---

[135] vgl. VJ-Programme des Hessischen Rundfunks, AZ Media, BBC

der Videojournalist drei Aufgaben gleichzeitig aus: Er ist Redakteur, Kameramann und Assistent. Besonders kritisch sind die Interviews. Dort beansprucht ein Protagonist die gesamte Aufmerksamkeit eines Redakteurs, der genau zuhören und auf seine Antworten reagieren muss. Gleichzeitig muss sich der Videojournalist aber noch um die Technik (Bild und Ton) kümmern.

4.2.1. Drehvorbereitung

In der Vorbereitung unterscheidet sich die Arbeit eines Videojournalisten kaum von der eines Redakteurs. Themenfindung und Recherche laufen ähnlich ab, allerdings kann der Videojournalist seine Kamera auch bei der Recherche mitnehmen, Material sammeln und sich gleich einen Eindruck in Bildern verschaffen, die er bei Redaktionskonferenzen direkt vorstellen kann. Anhand des Materials wird entschieden, ob sich das Thema für eine Umsetzung mit einem Videojournalisten eignet. Die Protagonisten werden so auch schon auf die Kamera und die Drehsituation vorbereitet, beim Dreh selbst herrscht dann weniger Anspannung und Distanz.

Ein weiterer Vorteil des Videojournalisten ist seine Flexibilität, er kann spontan losgehen und ist nicht von Buchungsterminen oder Dispositionen abhängig oder auf freie EB-Teams angewiesen. Diese organisatorisch teilweise sehr zeitaufwendige Terminkoordination aller Beteiligten entfällt bis auf die zeitliche Organisation der Protagonisten.

Ist ein Thema gefunden und von der Redaktion (meist vom CvD oder Chefredakteur) eine Drehfreigabe erteilt worden, packt der Videojournalist schnell sein Equipment zusammen und zieht los. Die komplette Ausrüstung passt in einen Ruchsack, das Stativ steckt in einer Stativtasche. Zwei Taschen, eine über jeder Schulter, nicht zu vergleichen mit den EB-Teams, die vor dem Dreh mindestens eine halbe Stunde damit beschäftigt sind, ihr Equipment in einen Kleinbus zu laden. Der VJ ist viel schneller startklar, da er nicht so viel packen muss und terminlich nicht drei Leute disponiert werden müssen. Videojournalisten besitzen meist ihr eigenes Equipment, selbst in Sendeanstalten ist ihnen eine Ausrüstung fest zugeteilt (MDR, hr, AZ Media). Manchmal teilen sich auch zwei VJs eine Ausrüstung (Deutsche Welle TV). Dadurch sind sie über den Zustand des Equipments stets informiert und wissen, was sie wohin gepackt haben, während es in großen Equipment-Lagern oft zu Problemen kommt, weil die Ausrüstungen unvollständig, dreckig oder kaputt zurückgegeben werden und die Teams sich im ungünstigsten Fall erst die Einzelteile zusammensuchen müssen.

4.2.2. Dreh

Der Videojournalist kommt mit der Kamera im Rucksack und seinem Stativ in der Stativtasche sehr leicht bepackt zum Drehort. Als VJ-Standard-Kamera haben sich vor allem die Sony DSR-PD150P bzw. ihr Nachfolger DSR-PD170P (verwendet zum Beispiel von AZ Media; Kosten ca. 3.500 Euro) sowie die Panasonic AG DVX 100A (verwendet zum Beispiel in den meisten öffentlich-rechtlichen Sendeanstalten wie dem Hessischen Rundfunk) hervorgetan.

Abbildung 28: Sony DSR-PD170P[136]   Panasonic AG DVX 100A[137]

---

[136] vgl. http://bssc.sel.sony.com/Professional/webapp/ModelInfo?m=0&sm=0&p=2&sp=11&id=71949
[137] vgl. http://catalog2.panasonic.com/webapp/wcs/stores/servlet/ModelDetail?displayTab=

Beides sind semiprofessionelle DV-Camcorder. Bei Videoreportern sind die Sony-Kameras VX 2000 oder VX 2100 beliebt (verwendet vom Hessischen Rundfunk), da sie sehr einfach in der Handhabung sind.[138]

VJ-Kameras sollten mindestens drei 1/3-Zoll-CCD-Chips und Anschlüsse für professionelles Ton-Equipment (XLR-Eingänge mit/ohne Phantomspeisung und line-Eingang) haben. Einige Funktionen müssen manuell einstellbar sein, um die Bildparameter bestimmen und korrigieren zu können, zum Beispiel Autofokus, Blenden, Zoom, Weißabgleich und Tonaussteuerung. Genauso wichtig ist eine 100 Prozent DV-kompatible Schnittsoftware (zum Beispiel Avid DV Xpress oder Final Cut Pro), die das Signal aus der Kamera über eine FireWire-Schnittstelle direkt verarbeiten kann.

Zum kompletten Equipment gehören noch Mikrofone, meist zwei Richtmikrofone – Kugel und Hyperniere – und Ansteckmikros, eine Funkstrecke, ein leichtes Stativ für ungefähr 500 Euro, ein Kopfhörer, Windschutz, Tasche, Halogen-Leuchte, Ladegerät, zwei Akkus (groß und klein, reichen zusammen vollständig geladen etwa 700 Minuten), Weitwinkelobjektiv und ein Kompendium (standardmä-

---

O&storeId=11201&catalogId=13051&itemId=68668&catGroupId=14571&modelNo=AG-DVX100A&surfModel=AG-DVX100A
[138] vgl. Kliebhan (2004), Werkzeuge für VeeJays

ßig an der Kamera). Für den Schnitt eignet sich ein handelsüblicher PC (ca. 1.600 Euro mit TFT-Monitor) und eine Schnittsoftware. Avid Xpress DV (nur für DV-Material) kostet ca. 500 Euro, Avid Xpress Pro ca. 1.800 Euro, Final Cut Studio 5.1 inklusive Sound-Track für Tonbearbeitung und DVD-Authoring-Programm ca. 1.250 Euro. Die komplette VJ-Ausrüstung kostet somit etwa 10.000 Euro, im Vergleich zum EB-Equipment also um ein vielfaches günstiger (hier kostet alleine die EB-Kamera schon rund 80.000 Euro).

Am Drehort angekommen, muss sich der Videojournalist um sein Equipment und die Protagonisten kümmern. Steht die Technik, können die Dreharbeiten beginnen. Der Videojournalist trägt einen Kopfhörer und pegelt den Ton, während er gleichzeitig die Kamera auf Stativ oder in der Hand hat, den Bildausschnitt sowie alle Bildparameter (Blende, Weißabgleich, Schärfe) bestimmt und sich um den redaktionellen Teil kümmert, denn die Geschichte muss stimmig gedreht werden. Er darf also nicht nur auf technische Dinge fixiert sein, sondern muss sein Umfeld im Blick haben und auf die Protagonisten eingehen. Gerade in der Anfangszeit, wenn die technische Seite noch einen Großteil der Aufmerksamkeit beansprucht, ist der Videojournalist schnell überfordert. Deshalb sind eine umfassende Schulung und längere Übungsphasen unumgänglich, um routiniert zu werden. Bei schwierigen Drehverhältnissen (wechselnde Lichtbedingungen, ungeplante Aktionen der Protagonisten, schwierige Tonsituationen) stößt der Videojournalist trotzdem schnell an seine Grenzen. Außerdem fehlen der kreative Input von außen und mehrerer Sichtweisen auf den Beitrag. Neben der ganzen Übung, die ein Videojournalist braucht, um sendbares Material zu filmen, reicht die Qualität der DV-Kamera immer noch nicht an die technischen Möglichkeiten einer EB-Kamera heran. Ein EB-Team kann darüber hinaus mit seiner vielseitigen Ausrüstung besser auf schwierige Situationen reagieren, ein VJ hat zum Beispiel kaum Licht dabei (außer ein kleines Headlight) und muss mit den Gegebenheiten vor Ort klarkommen.

4.2.3. Drehnachbereitung

Im Schnitt muss der Videojournalist sein Material nicht erst sichten, denn er kennt es, da er es selbst gedreht hat. Meist bringt er weit mehr Material mit als ein EB-Team, deshalb dauert die Eindigitalisierung trotz der anfänglichen Zeitersparnis durch den Wegfall des Sichtens letztendlich wieder länger als bei der herkömmlichen Produktionsweise. Bei mehreren Drehtagen kann der VJ parallel zum Dreh schon schneiden, um festzustellen, welche Einstellungen ihm noch fehlen und um am Schluss schneller fertig zu werden.

Da DV sowohl ein Kamera- als auch ein Computerstandard ist, ist die Vernetzung beider Systeme einfach. Bei der Digitalisierung geht nichts verloren, die Datenpakete werden ungewandelt über FireWire übertragen. DV-Material darf allerdings nicht zu stark nachbearbeitet oder farbkorrigiert werden, da aufgrund der 4:2:0-Abtastung die Informationen auf dem Band schon wesentlich reduzierter und komprimierter vorliegen und somit weniger Spielraum lassen. Das Bild wird bei der Nachbearbeitung sichtbar schlechter und fängt an zu rauschen (Artefaktbildung). Als Hardware dient ein handelsüblicher PC mit FireWire-Schnittstelle und ausreichend hohem Arbeitsspeicher, um DV-Material in Echtzeit verarbeiten zu können.

Die Tonbearbeitung wird entweder direkt im Schnittprogramm oder im Tonstudio vorgenommen. Die Vertonung eines Fernsehbeitrags erfolgt jedoch meist im Tonstudio, da die Bearbeitungsmöglichkeiten dort sehr viel größer sind. Der Ton des Videojournalisten ist das größte Problem, da dort hörbare Unterschiede zum EB-Team auftreten. Dies liegt weniger an den technischen Möglichkeiten des Equipments als vielmehr daran, dass ein Videojournalist während des Drehs oft dem Ton nicht die notwendige Aufmerksamkeit schenken und bei starken Tonschwankungen nicht schnell genug nachpegeln kann. Wenn solche misslungenen Aufnahmen aus irgendwelchen Gründen nicht wiederholt werden können, ist ein schlechter Ton die Folge, der selbst in der professionellen Nachbearbeitung nicht mehr korrigiert werden kann. Mit dem kleinen Tonmischer des EB-Equipments hat ein Assistent zudem auch viel mehr Möglichkeiten, den Ton schon während des Drehs zu optimieren und einwandfrei aufzunehmen. Die automatische Tonaussteuerung der DV-Kamera bietet keinesfalls die Lösung: Ein hörbares „Pumpen" in Rede- und Tonpausen macht sich unangenehm bemerkbar.

4.3. Vor- und Nachteile des Videojournalismus im Vergleich zur herkömmlichen Produktionsform

Um gleich alle Illusionen im Vorfeld zu zerstören: Die perfekte Produktionsform gibt es nicht.

Sowohl EB als auch VJ haben ihre Vor- und Nachteile. Deshalb ist es wichtig zu wissen, was genau produziert werden soll, wo die Schwerpunkte liegen und welche Produktionsform die Geschichte optimal darstellen kann. Wie eingangs schon erwähnt, stecken hinter dem Begriff „Videojournalismus" unterschiedliche Philosophien. Für die einen ist ein VJ eher ein Mann fürs Grobe, der im aktuellen Bereich, wenn nicht so viel Wert auf Bildästhetik gelegt wird, seinen Platz hat. Die anderen sehen ihn eher im Bereich der Reportagen, wo der Zeitdruck nicht zu groß ist und persönlichere Bilder die Geschichte bereichern. In vielen Fernsehproduktionsunternehmen sind beide Formen nebeneinander zu finden, da sie sich wunderbar ergänzen.

4.3.1. Vorteile des Videojournalismus

Für Redaktionen und Sender ergibt sich mit dem Einsatz von Videojournalisten eine zusätzliche Möglichkeit, an Geschichten zu kommen. Das Programm wird vielfältiger. Die Rolle der Gatekeeper wird dadurch zwar nicht gleich gesprengt, da meist immer noch ein Chefredakteur im Vorfeld selektiert und entscheidet, was letzten Endes in der Sendung läuft. Aber er hat mehr Auswahlmöglichkeiten und kann somit dem Zuschauer eine breitere Palette anbieten. Schlechtes Material schafft es nicht in die Sendung, ein gewisser Qualitätsstandard muss vorhanden sein.

Im Zuge der Digitalisierung gibt es ebenfalls mehr Angebote an Kanälen, mehr Übertragungsplattformen (Internet, Handy), die mit Programminhalten gefüllt werden müssen. Themenvielfalt und vermehrte regionale und lokale Berichterstattung, die durch Videojournalisten zum ersten Mal finanziell attraktiv wird, bedeuten mehr Objektivität und eine stärkere Zuschauerbindung. Videojournalisten bringen Material auch aus den entlegendsten Winkeln des Landes, wo ein EB-Team aus Kostengründen nie hinfahren würde.

Aus den neuen Produktionsmöglichkeiten mit VJs resultiert eine vorher nicht da gewesene Experimentierfreude. Die Chancen und Grenzen des Videojournalismus werden ausgetestet, es entstehen neue Projekte und Ideen, die das Programm reichhaltiger gestalten. Auch Auslandseinsätze werden ohne großen Aufwand möglich, umständliche Reisen sind durch die leichte Ausrüstung und den geringen Personaleinsatz einfacher und kostengünstiger zu realisieren. Das Equipment ist schnell gepackt, ein VJ ist deshalb sehr flexibel, vielseitig einsetzbar und schnell am Ort des Geschehens. Die terminliche Abhängigkeit von mehreren Personen sowie der organisatorische Aufwand entfallen ebenso wie zwischenmenschliche Differenzen, Verständnisprobleme und Streit bei der Produktion. Viele Formate sind besser zu drehen, nicht allein aus Kostengründen. Intimere Geschichten, Langzeit- und Alltagsbeobachtungen bieten – aus VJ-Hand gedreht – persönlichere Aspekte. Die kleine Kamera kommt näher an Menschen heran, sie wirkt nicht aufdringlich und wird während des Drehs schnell vergessen. Dadurch agieren die Protagonisten freier. Beim EB-Team entsteht oft das Problem, dass nicht genügend Platz für drei Leute und eine große Kamera am Drehort vorhanden ist (zum Beispiel Dreh im Helikopter). Ein VJ kann sich in die kleinsten Ecken quetschen.

Bei Langzeitbeobachtungen fallen meist viele kurze Drehs über einen längeren Zeitraum hinweg an (zum Beispiel „Abnehmen in Essen", Doku-Soap WDR 2000, gewann den Grimmepreis), was sich erstens aus Kostengründen nicht effizient von Teams produzieren und zweitens nicht persönlich genug darstellen lässt. Der Redakteur bleibt zwar der gleiche, an den verschiedenen Drehtagen sind aber unter Umständen unterschiedliche EB-Teams verfügbar, also kommen jedes Mal neue unbekannte Personen zu den Protagonisten, die nicht so ungehemmt agieren wie bei vertrauten Personen.

Ein VJ zieht zudem nicht so viel Aufmerksamkeit auf sich und eignet sich deshalb besonders für Geschichten, die unauffällig gedreht werden sollen.

VJs zeigen oft mehr Verbundenheit mit ihren Projekten, da sie alles alleine machen und bestimmen können, wie es gemacht wird. So entsteht ein Endprodukt aus einem Guss. Im Schnitt entfällt das Sichten, da der VJ sein gedrehtes Material kennt. Manchmal verlaufen Dreh und Schnitt auch teilweise parallel, wenn die Dreharbeiten über längere Zeit gehen und viele Unterbrechungen dazwischen liegen. Der VJ schneidet schon, während er einzelne Bilder noch drehen muss. Aber so weiß er auch genau, was noch fehlt. Der digitale Standard ist durch die technologischen Entwicklungen in den letzten Jahren fernsehtauglich geworden, außerdem ist DV sowohl Kamera- als auch Computerstandard, eine Vernetzung unproblematisch möglich.

4.3.2. Nachteile des Videojournalismus

Videojournalismus wird häufig in Verbindung mit Qualitätsverschlechterung, Rationalisierungsmaßnahmen, Wettbewerbsverschärfung und Preisverfall gebracht. Neben den technischen Defiziten des Equipments wird auch die Überforderung und Dreifachbelastung einer Einzelperson kritisiert, die die Kontrollmöglichkeiten der Bild- und Tonparameter begrenzen und Fehler provozieren. Zusätzliche Überstunden und der ständige (Zeit-)Druck gefährden die Gesundheit eines Videojournalisten. Deshalb scheint ein VJ nicht für hochaktuelle Nachrichten geeignet. Auch das Argument der Kostenersparnis stimmt nicht im erwarteten oder erhofften Maße. Ein VJ braucht für die Produktion eines Beitrags wesentlich länger als ein ganzes Team, das in derselben Zeit mehr Material und Beiträge produzieren kann, während ein Videojournalist nur einen Bericht schafft. Es ist eben nicht möglich, gleichzeitig Hintergrundinformationen im Gespräch mit Protagonisten zu bekommen und Schnittbilder zu drehen, Auto zu fahren und mit der Redaktion zu telefonieren oder gleichzeitig zu texten und zu schneiden. Somit nivellieren sich die Kosten in gewissen Maßen.

Es gibt Formate und Situationen, in denen sich ein EB-Team wesentlich besser eignet, zum Bespiel wenn der Sender Präsenz zeigen muss (wichtige Ereignisse). Da der Videojournalist vor Ort die Technik aufbauen muss, kann er sich nicht sofort um seine Protagonisten kümmern. Bei Leuten, die schwer zu interviewen sind (Politiker, Prominente), werden häufig aus diesem Grund keine Videojournalisten eingesetzt, da sich die Protagonisten vernachlässigt fühlen könnten bzw. diese Art der Interviews nicht akzeptieren, da ihnen die Aufmerksamkeit und Präsenz eines Redakteurs fehlt.

Wenn schnell viel Material produziert werden muss (im aktuellen Bereich der Nachrichten), häufen sich bei einer unter Stress und Druck stehenden Person natürlich die Fehler. EB-Teams sind dann besser auf die Herausforderungen eingestellt. Sie können schneller mehr Material produzieren als ein VJ alleine. Ein VJ bringt mehr „Material-Müll" zurück, sein Drehverhältnis ist in der Regel schlechter als das eines Kameramanns mit Assistent. Das Drehverhältnis hat sich generell mit der Digitalisierung verschlechtert, denn plötzlich ist das Bandmaterial nicht mehr so teuer und im nonlinearen Schnitt kann auch mehr experimentiert werden, es ist einfach auch mehr möglich (Effekte etc.).

Bei Beginn der Postproduktion entfällt das Sichten, allerdings muss mehr Material eindigitalisiert bzw. sortiert werden.

Da ein VJ alleine arbeitet, erhält er keine Ideen von außen. Im Team können mehrere Personen die Logik der Geschichte hinterfragen, es kommen immer wieder unverbrauchte Sichtweisen dazu. In einigen Redaktionen (beispielsweise beim Hessischen Rundfunk) werden Videojournalisten deshalb stärker betreut, sie bekommen redaktionelle, gestalterische und organisatorische Hilfestellungen von Kollegen aus den Bereichen Redaktion, Kamera und Schnitt.

Bei der Themenvergabe sollte auch das Gefahrenpotenzial des Drehs abgeschätzt werden. Wenn der Einsatz zu gefährlich ist, sollte auf keinen Fall ein VJ alleine geschickt werden. Ein Team kann sich gegenseitig schützen.

Auf technischer Ebene bleibt die Kritik, dass DV kein Sendestandard ist und oft Probleme im Consumer-Bereich durch nicht normgerechte, qualitätsverschlechternde Implementierungen auftreten.

Alle bisherigen Feldversuche und Projekte haben gezeigt: Ohne Übung geht es nicht. Ein VJ braucht ausreichend Zeit, sich auf die Herausforderungen, die sich ihm stellen, einzurichten. Es gibt immer Geschichten und Beiträge, bei denen sich die eine oder andere Produktionsform besser eignet. Wichtig ist es, die Vor- und Nachteile beider Varianten zu kennen und im Vorfeld genau abzuwägen, welche sich besser eignet, um ein optimales Ergebnis zu erhalten. Denn beide Produktionsformen haben ihre Berechtigung und ihre Stärken.

5. Erfahrungen mit Videojournalisten

„Wenn eine Technik ubiquitär massenhaft zur Verfügung steht, dann wird logischerweise auch mehr schlechtes Zeug produziert. Man kann das Demokratisierung nennen, weil nun jeder ein Video machen kann. Aber deswegen ist noch längst nicht jeder ein guter Videojournalist. Der Videojournalist definiert sich ja nicht dadurch, dass er in der Lage ist, eine Kamera in die Hand zu nehmen."

Bernd Kliebhan (Koordinator Videojournalismus-Projekt hr), 2004

Die Ergebnisse der VJ-Projekte in verschiedenen Sendern und Produktionsunternehmen ähneln sich weitgehend. Wird der Einführungsversuch ernsthaft, durchdacht und ohne Vorurteile konsequent angegangen, waren überall schon nach kurzer Zeit Erfolge zu verbuchen. Das wohl am umfassendsten dokumentierte und ausgewertete Projekt fand beim Hessischen Rundfunk statt. Die nachfolgenden Ergebnisse stammen aus dem Abschlussbericht „Pilotversuch Videojournalisten", veröffentlicht im August 2004 vom Hessischen Rundfunk.

5.1. Anfang beim Hessischen Rundfunk

Schon 2001 begann beim Hessischen Rundfunk ein Feldversuch, der 2003 als „Pilotversuch Videojournalismus" ausgeweitet wurde. Die kontinuierliche Verbesserung des aus der Consumer-Welt stammenden Videoformats DV-25 ist in Zeiten sinkender Budgets und wachsender Konkurrenz eine mögliche neue Alternative in der Fernsehproduktion geworden, die es nach Meinung des Hessischen Rundfunks rechtzeitig zu testen galt.

Dreh und Schnitt rücken in die Nähe der Journalisten und Reporter, wie vor einigen Jahren schon im Hörfunk. Die durch Arbeitsteilung geprägten Berufsbilder im Fernsehen verlieren ihren Stellenwert, große TV-Sender fürchten um ihre Monopolstellung. Um die neue Produktionsmethode „Videojournalist" auszuprobieren und Chancen und Risiken auszuloten, stellte sich der Hessische Rundfunk als erste öffentlich-rechtliche Rundfunkanstalt diesen Herausforderungen in dieser umfassenden, systematischen und öffentlichen Weise: Das Projekt „Pilotversuch Videojournalismus" wurde ins Leben gerufen.

Schon seit vielen Jahren ist es üblich, dass Autoren selbst gedrehtes Material – gefilmt mit ihren eigenen, privat angeschafften Kameras – in sehr unterschiedlicher Qualität in die Sendeanstalten bringen. Die Authentizität dieser Bilder war – neben allen gestalterischen Mängeln – schon damals erstaunlich und ermutigte die Initiatoren des Pilotversuchs, diese Grauzone in produktive und qualitativ bessere Bahnen zu lenken.

Die technische Qualität von DV-25 wurde vor dem Start des Versuchs vom Hessischen Rundfunk überprüft und als „professionell einsetzbar" bewertet.

Der Pilotversuch begann mit einem dreiwöchigen Intensiv-Kurs, gefolgt von einer dreimonatigen Einführungsphase, in der die angehenden Videojournalisten ohne Zeitdruck Equipment und Anforderungen kennen lernen und produzieren konnten. Danach startete eine sechsmonatige Erprobungsphase, in der die VJs in den Redaktionen unter Alltagsbedingungen eingesetzt wurden.

Um nicht mit denselben Implementierungsproblemen wie beispielsweise anfangs die BBC zu kämpfen – dort wurden die VJs von den Redaktionen nicht akzeptiert, entsprechend gering war die Nachfrage nach VJ-Produktionen – lag es beim Hessischen Rundfunk im Ermessen der Redaktionen, sich für oder gegen die Teilnahme am Pilotversuch zu entscheiden. Fiel die Entscheidung pro Videojournalismus aus, mussten sie ein durchdachtes Konzept vorlegen, wie sie sich den Einsatz der VJs in ihrer Redaktion vorstellten. Zwölf Redaktionen erklärten sich bereit, VJs einzusetzen. Es hat sich gezeigt, dass mit einem klaren Konzept VJs konsequenter nachgefragt wurden als ohne.

5.2. Equipment

Die Ausrüstung bestand aus dem Panasonic DV-Camcorder AG DVX 100A, Richtmikrofon und Funkstrecke von Sennheiser, einem Stativ von Manfrotto, Kopfhörer, Akkus, Windschutz, Headlight, Tasche und sonstigem Zubehör. Als Schnittsystem diente ein Dell-Laptop mit Avid Xpress DV-Software. Die Kosten beliefen sich insgesamt auf ungefähr 10.000 Euro.

5.3. Teilnehmer

Die Teilnehmer wurden aus dem Mitarbeiter-Pool des Hessischen Rundfunks sowohl aus der Redaktion als auch aus der Produktion rekrutiert. Anfangs nahmen 30 Interessierte an dem Projekt teil, die Gruppe wurde später auf 42 aufgestockt. 2003 war das Angebot an VJ-Schulungen auf dem deutschen Markt so gut wie nicht vorhanden, deshalb wurde Michael Rosenblum, der mit seiner Firma Rosenblum Associates schon Erfahrungen in diesem Bereich hatte, ins Boot geholt. Die intensive anfängliche Schulung und das „Training on the job" mit zahlreichen Nachschulungen, Fortbildungen und Unterstützung durch Fachleute aus den einzelnen Bereichen (Redaktion, Kamera, Schnitt) zahlten sich schnell aus, schon nach überraschend kurzer Zeit waren ansehnliche Ergebnisse zu verzeichnen und es wurde deutlich, dass das Konzept „Videojournalismus" aufging. Bereits nach vier Monaten waren 294 VJ-Beiträge (insgesamt 799 Minuten Material) gesendet worden. Angebot und Nachfrage fanden beim hr offensichtlich schnell zusammen.

Aus der erstellten Leistungsstatistik geht hervor, dass sich die Videojournalisten im Laufe ihrer Ausbildung mit steigender Sicherheit und Übung deutlich verbesserten und effektiver arbeiteten. Durchschnittlich wurden 57 Sekunden sendbares Material pro VJ-

Tag produziert. Drei Viertel des Arbeitstages wird für Dreh und Schnitt benötigt. Die Bandbreite an produzierten Beiträgen ist groß. Die Produktionsweise der VJs muss nicht auf bestimmte Genres und Formate beschränkt werden, sie sind vielseitig einsetzbar.

5.4. Qualitätssicherung

Ein zentrales Anliegen des Hessischen Rundfunks war die Qualitätssicherung des Programms, das sich durch die Einführung von Videojournalisten auf keinen Fall verschlechtern durfte. Qualität bezeichnet dabei die technische, handwerkliche und die vom Zuschauer empfundene Güte des Beitrags. Es gab drei Ansatzpunkte zur Qualitätsprüfung. Eine Gruppe untersuchte die VJ-Beiträge aufgrund gängiger Kriterien im Hinblick auf ihre handwerkliche und redaktionelle Stimmigkeit. Die Minutenverläufe sollten Auskunft über die Zuschauerwahrnehmung geben. Die Medienforschung des Hessischen Rundfunks führte eine qualitative Befragung über die Wirkung von VJ-Beiträgen beim Publikum durch.

Bei der Überprüfung der Beiträge wurden qualitative Mängel in technischer und gestalterischer Hinsicht festgestellt, aber auch nicht alle EB-Team-Beiträge sind immer einwandfrei. Es handelt sich dabei aber um kein strukturelles Problem der VJ-Produktion, sondern allein Thema und Übung des VJs entscheiden über die

Qualität. In Beitragskritiken und Einzelgesprächen sensibilisierte der hr seine VJs auf grundsätzliche Probleme. Die Beiträge verbesserten sich im Laufe des Projekts.

Bei den Minutenverläufen während VJ-Beiträgen war nichts Negatives festzustellen, im Gegenteil, bei besonders sympathischen, nahen und emotionalen Darstellungen, die mit einer VJ-Kamera gut gelingen, gingen die Quoten nach oben.

Die Zuschauerumfragen verfolgten grundsätzlich zwei zentrale Fragestellungen: Bemerken die Zuschauer technisch-optische Unterschiede zwischen VJ- und EB-Beiträgen? Unterscheiden sich die herkömmlichen Beiträge und die VJ-Beiträge in der Zuschauerakzeptanz? Der Zuschauerblick unterscheidet sich vom Profiblick erheblich: VJ-Beiträge, die von Profis heftig kritisiert worden waren, stießen beim Zuschauer auf keinerlei Probleme. Die Befragten konnten nicht unterscheiden, welche Beiträge von VJs und welche von EB-Teams produziert worden waren (was übrigens auch Profis bisweilen schwer fällt). Generell achten Zuschauer nicht auf filmische Umsetzung oder optische und technische Kriterien, das Thema (Relevanz, Aktualität, Emotionalität) ist für sie entscheidender und eher ein Ausstiegsgrund als die filmische Qualität, solange ein gewisser technischer und gestalterischer Standard erhalten bleibt. Dieser Standard wurde beim hr in keinem VJ-Beitrag unterschritten. VJ-Beiträge sind für Zuschauer also normales Fernsehen. Interessant war die Feststellung, dass im Ranking zum Thema „Nähe" VJ-Beiträge auf den ersten vier Plätzen lagen. Diese Produktionsform vermag dieses Gefühl, egal ob positiv oder explizit erwünscht vom Zuschauer, also besonders gut zu vermitteln. Letzten Endes entscheidet immer der Zuschauer, was er sehen möchte und was nicht. VJ-Beiträge sind für ihn nach den Ergebnissen der Befragungen des Hessischen Rundfunks jedenfalls kein Abschaltgrund.

5.5. Kosten und Wirtschaftlichkeit

Um die Kosteneffizient des Pilotversuchs Videojournalismus beziffern zu können, wurde ein detailliertes Reporting und ein komplexes Controlling aufgebaut. Somit konnten für jeden VJ-Beitrag die Kosten ermittelt und die Ersparnis gegenüber der Beta-Produktion transparent gemacht werden. Verglichen wurden die Kosten des VJs für einen Beitrag und die Kosten für Autor, Kameramann, Assistent und Cutter. Ganz gerecht ist dieser Vergleich jedoch nicht, da die EB-Produktion seit Jahrzehnten erprobt und optimiert wurde, während der Videojournalismus noch in den Kinderschuhen steckt und gerade seinen optimalen Weg sucht. Die Einführung war zunächst eine erhebliche Investition, die sich nach neun Monaten natürlich noch nicht auszahlen konnte. Jedoch waren die

Kosten eines VJ-Beitrags bereits nach kurzer Zeit um 12 Prozent niedriger als die eines EB-Beitrags[139]. Alle Ergebnisse gelten unter den Prämissen, dass mit dem Pilotversuch Videojournalisten absolutes Neuland betreten wurde, viele Anschubinvestitionen nötig waren und die Lernkurve der VJs noch nicht ihren höchsten Stand erreicht hat. Die Entscheidung für Videojournalisten bleibt mehr eine strategische als eine wirtschaftliche.

5.6. Fazit des Hessischen Rundfunks

Die Redaktionen des Hessischen Rundfunks reagieren auf alle Fälle positiv und bestellen schon jetzt mehr „Ein-Mann-Teams". Eine zukunftsweisende Entwicklung angesichts des stetig steigenden wirtschaftlichen Drucks und der anhaltenden Gebührendiskussionen.

Aus dem Pilotversuch wurden zwei zentrale Feststellungen gewonnen: VJs sind eine Bereicherung für das Programm und der Einsatz von Videojournalisten ist auch wirtschaftlich sinnvoll. Der hr hält deshalb weiterhin an Videojournalisten fest und will deren Einsatz künftig weiter optimieren.

---

[139] Hessischer Rundfunk Abschlussbericht (2004): Pilotversuch Videojournalisten, S. 32

6. Praktische Tipps

„Wenn der VJ weiß, was er nicht kann, kann er alles!"

Unbekannt

Nicht jeder ist dafür geschaffen, ganz auf sich alleine gestellt zu arbeiten und mit dem Druck, der dadurch zwangsläufig entsteht umzugehen. Viele arbeiten lieber im Team und teilen die Verantwortung, gehen dabei aber auch oft Kompromisse ein, weil die eigenen Ideen nicht durchgesetzt werden können. Für viele ist die Teamarbeit deshalb sehr unbefriedigend. Sie verwirklichen lieber ihre eigenen Ideen, schnappen sich die Kamera, ziehen los und erstellen ihre Beiträge. Im Folgenden finden sich ein paar nützliche Tipps, die gerade am Anfang, aber auch bei einiger Erfahrung weiterhelfen können.

6.1. Grundlagen des Lichts

Licht ist eine elektromagnetische Welle, die sich periodisch in Raum und Zeit wiederholt. Die Frequenz f (gemessen in Hertz) beschreibt die Anzahl der Perioden pro Zeiteinheit, die Wellenlänge λ wird in Metern gemessen. Das menschliche Auge ist nur für Lichtwellen im Bereich von 380 bis 780 Nanometer empfindlich, nur dieses Licht erzeugt einen Seheindruck. In diesem Bereich liegen blau (400 nm) und rot (700 nm) sowie alle Spektralfarben dazwischen.[140]

---

[140] vgl. Schmidt (2000), S. 5

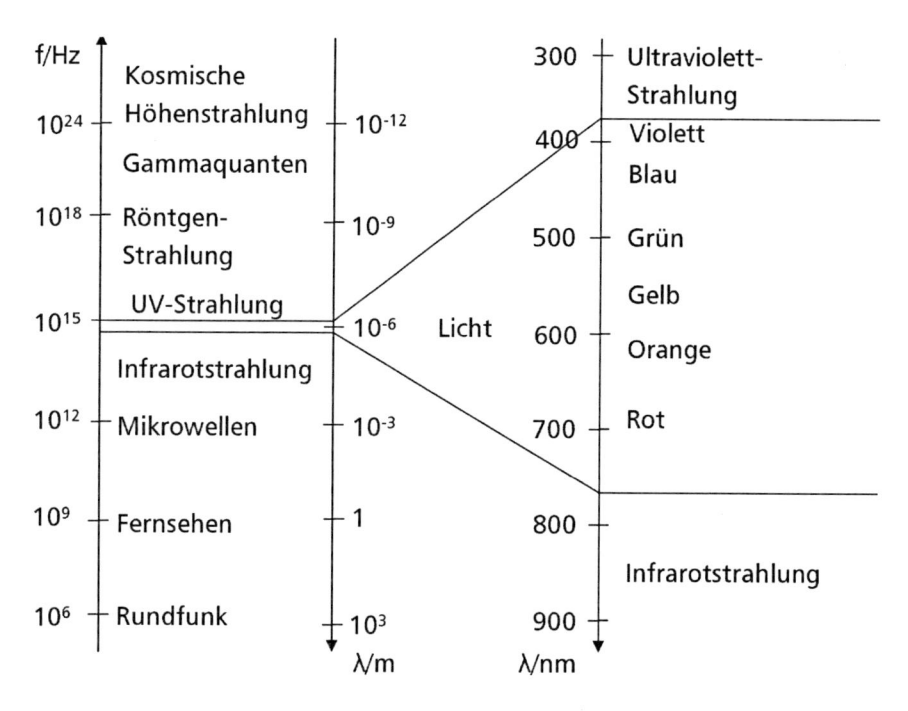

Abbildung 29: Spektrum elektromagnetischer Wellen[141]

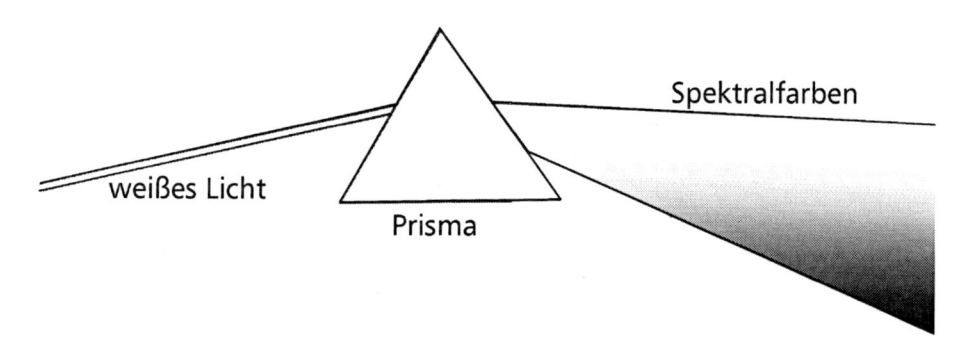

Abbildung 30: Zerlegung von weißem Licht in seine Spektralfarben[142]

---

[141] vgl. Schmidt (2000), S. 5
[142] vgl. Schmidt (2000), S. 39

Das Licht wird auf verschiedenen Flächen unterschiedlich gebrochen. Bei Linsen wird diese Eigenschaft genutzt, um das Licht auf bestimmte Weise zu lenken.

Das menschliche Auge nimmt Farben additiv wahr, das bedeutet, dass die drei Grundfarben rot, grün und blau übereinander gelagert weiß ergeben, das Licht sich also addiert. Im Umkehrschluss besteht weißes Licht folglich aus allen (Grund-)Farben. CCD-Chips arbeiten nach demselben Prinzip. In der Malerei und beim Druck werden Farben subtraktiv gemischt, aus den Grundfarben CMY (cyan, magenta, yellow) entsteht schwarz, das Licht wird subtrahiert.

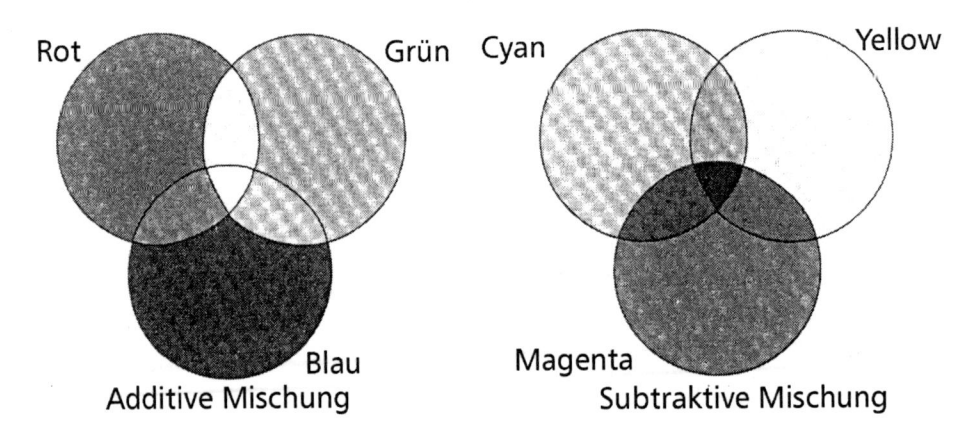

Abbildung 31: Additive und subtraktive Farbmischung[143]

---

[143] vgl. Schmidt (2000), S. 44

Das Licht unterschiedlicher Lichtquellen hat unterschiedliche spektrale Zusammensetzungen, die so genannten Farbtemperaturen. Mittagssonne hat eine Farbtemperatur von ungefähr 5800 Kelvin, hier sind die im für den Menschen sichtbaren Spektralbereich liegenden Frequenzen etwa gleich intensiv vertreten. Künstliches Licht weist einen höheren roten Spektralanteil auf. An diese verschiedenen Farbtemperaturen passt sich das menschliche Auge aber ohne Probleme durch die so genannte chromatische Adaption automatisch an. Das Gehirn hat gelernt, dass weiß auch immer weiß dargestellt werden muss.

Lichtquelle	Farbtemperatur	
Kerze	1500 K	
Glühbirne 40 W	2680 K	
Glühbirne 100 W	2800 K	
Halogenlampe	3200 K	→ Kunstlichteinstellung
Morgen-/Abendsonne	ca. 5000 K	
Vormittags-/Nachmittags-sonne	5600 K	→Tageslichteinstellung
Mittagssonne	ca. 5800 K	
Bedeckter Himmel	ca. 7000 K	
Nebel	8000 K	
Blauer Himmel	9000-12000 K	
Nördliches Himmelslicht	15000-25000 K	

Abbildung 32: Verschiedene Lichtquellen und ihre Farbtemperaturen, eigene Zusammenstellung[144]

---

[144] vgl. Schmidt (2000), S. 251f

Die Kamera besitzt diesen Automatismus nicht, sie muss an die verschiedenen Frequenzmischungen angepasst werden. Früher wurden Filme mit unterschiedlichen Farbtemperaturen verwendet (Tages- oder Kunstlichtfilm), heute gibt es Filter, die gewisse spektrale Anteile ausgleichen. Vor dem Dreh ist also ein Weißabgleich notwendig, damit die Kamera auf die Farbtemperatur eingestellt ist und weiß auch weiß dargestellt wird.[145] Die nicht vorgegebenen Farbtemperaturwerte müssen manuell eingestellt werden.

6.2. Grundlagen der Optik: Brennweite und Schärfentiefe

Die Brennweite beschreibt den Abstand zwischen Linse und dem Bündelungspunkt der Lichtstrahlen (Brennpunkt), wenn der Abstand der Lichtquelle zur Linse unendlich ist.

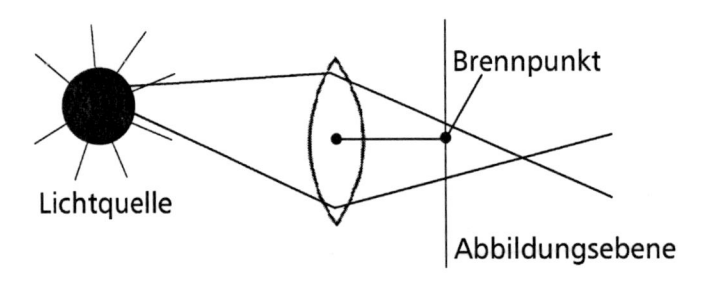

Abbildung 33: Abbildung einer Lichtquelle auf der Abbildungsebene[146]

---

[145] vgl. Schmidt (2000), S. 251
[146] vgl. Schmidt (2000), S. 231

Ist der Abstand nicht unendlich, treffen sich die Lichtstrahlen hinter dem Brennpunkt auf der Abbildungsebene. Ein Bild entsteht, wenn das von Gegenständen reflektierte Licht durch die Linsen gebrochen und auf die Abbildungsebene gelenkt wird.

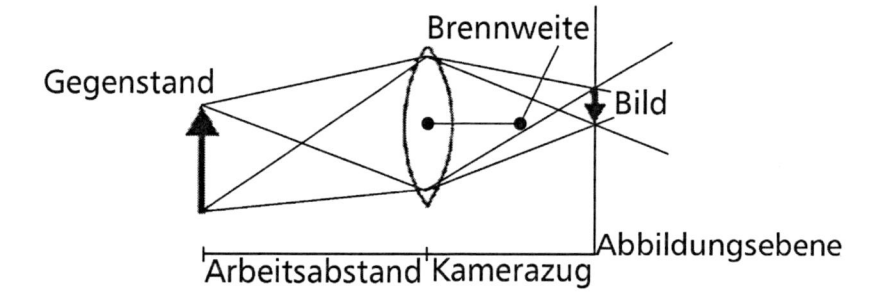

Abbildung 34: Gegenstand wird auf Abbildungsebene abgebildet[147]

Ein Objektiv besteht aus einer bestimmten Anordnung mehrerer verschiedener Linsen.

Ein Standardobjektiv hat eine mittlere Brennweite (zum Beispiel 35 mm) und einen mittleren Bildwinkel, ein Teleobjektiv (zum Beispiel 135 mm) eine lange Brennweite und einen kleinen Bildwinkel, ein Weitwinkelobjektiv (zum Beispiel 17 mm) eine kurze Brennweite und einen großen Bildwinkel.

---

[147] vgl. http://www.1394imaging.com/de/resources/whitepapers/download/basicopticswp.de.pdf

Standardobjektiv   Teleobjektiv   Weitwinkel

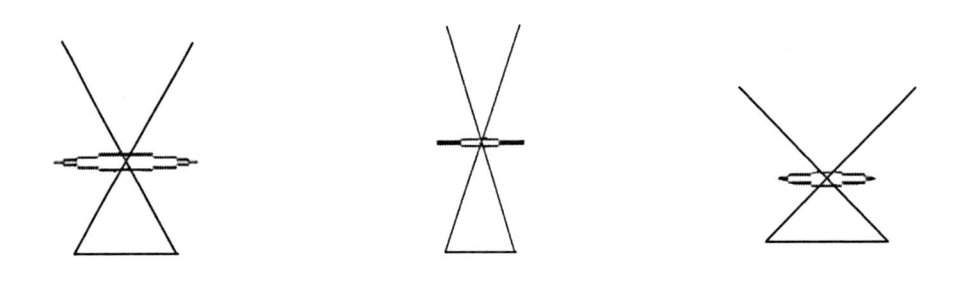

Abbildung 35: Verschiedene Objektivtypen (schematisch), eigene Darstellung

Kurze Brennweiten rücken die aufgenommenen Objekte vom Kamerastandpunkt weg. Lange Brennweiten holen die Objekte näher heran (Tele-, Makro-Objektive). Kurze Brennweiten rücken Objekte, die hintereinander gestaffelt sind, weiter auseinander. Lange Brennweiten ziehen sie zusammen. Kürzere Brennweiten haben dadurch eine größere räumliche Wirkung. Brennweiten verändern also die Perspektive und dienen der Bildgestaltung.

Die Schärfentiefe ist ein wichtiges Gestaltungselement. Sie lenkt die Aufmerksamkeit des Zuschauers auf bildwichtige Elemente, die unwichtigen verschwinden in der Unschärfe. Die Schärfentiefe (oft auch Tiefenschärfe genannt) bezeichnet den Bereich vor und hinter der eigentlichen Schärfenebene. Im Prinzip gibt es nur eine Schärfenebene, die auf der Abbildungsebene absolut scharf dargestellt werden kann. Alles davor und dahinter erscheint nicht als Punkt, sondern als verschwommener Fleck. Je größer dieser Fleck, desto unschärfer das Bild. Tolerierbar sind solche Unschärfen dann, wenn der Unschärfebereich kleiner als der kleinste darstellbare Bereich (Pixel der CCD-Chips, Stäbchen/Zäpfchen im Auge, Korngröße auf Filmmaterial) ist. Dadurch entsteht ein gewisser Bereich vor und hinter der optimalen Gegenstandsweite, der Bereich der Schärfentiefe.[148]

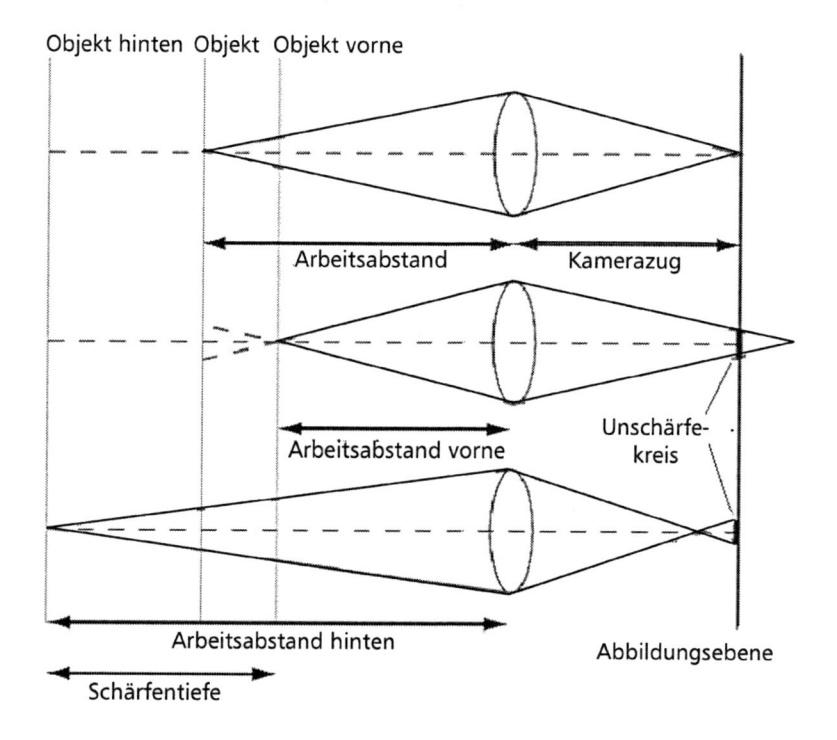

Abbildung 36: Darstellung des Unschärfekreises, eigene Darstellung[149]

---

[148] vgl. Schmidt (2000), S. 234f
[149] vgl. Schmidt (2000), S. 234f

Die Größe des Unschärfekreises lässt sich durch einige Faktoren beeinflussen. Dazu gehören die Größe der CCD-Chips, denn je größer diese sind, desto größer ist die Anzahl der Pixel und desto geringer ist der Schärfentiefebereich, also gibt es mehr Gestaltungsmöglichkeiten mit der Schärfe im Bild. Das Auge des Betrachters kann auf relevante Bildinhalte gelenkt werden, unwichtige Details verschwinden in der Unschärfe.

Ein weiterer Faktor, der die Schärfentiefe beeinflusst, ist die Blende.

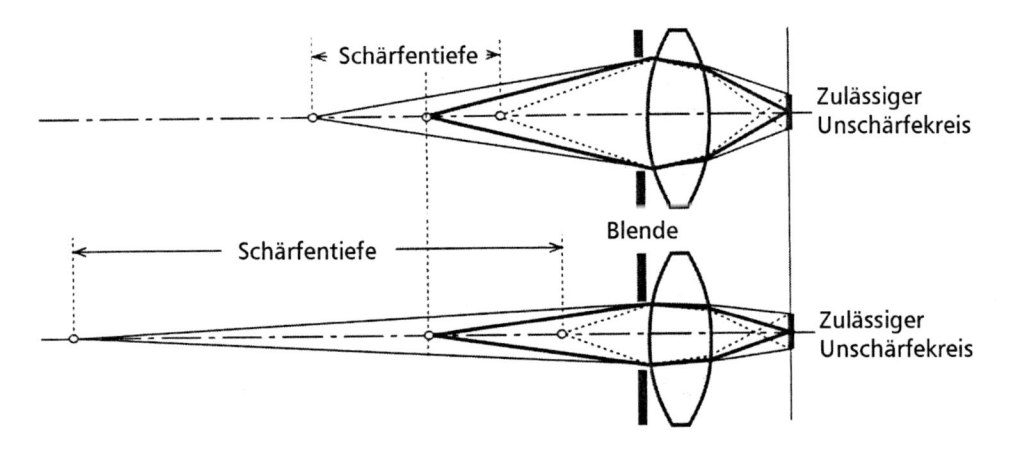

Abbildung 37: Veränderung der Schärfentiefe in Abhängigkeit von der Blende[150]

Eine große Blende (kleine Blendenzahl) entspricht einer kleinen Schärfentiefe. Ist die Entfernung zum Motiv gering, ist die Schärfentiefe gering. Große Brennweiten verkleinern ebenfalls den

---

[150] vgl. Schmidt (2000), S. 235

Schärfentiefebereich. Makroobjektive für extrem telige Aufnahmen bilden meist nur wenige Zentimeter vor und hinter der Schärfenebene scharf ab.

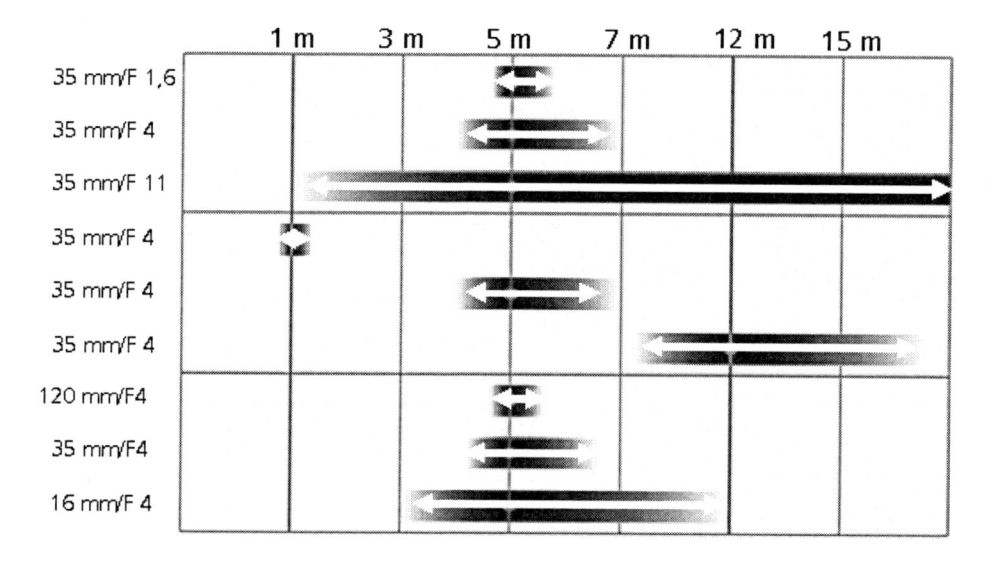

	1 m	3 m	5 m	7 m	12 m	15 m
35 mm/F 1,6			⬌			
35 mm/F 4		⬌				
35 mm/F 11	⬌					⬌
35 mm/F 4	⬌					
35 mm/F 4			⬌			
35 mm/F 4					⬌	
120 mm/F4			⬌			
35 mm/F4			⬌			
16 mm/F 4		⬌				

Abbildung 38: Blende, Entfernung und Brennweite beeinflussen die Schärfentiefe[151]

Neben Bildaufbau, Kadrage, Lichtführung und Farbdramaturgie ist die Schärfe ein wichtiges filmisches und dramaturgisches Mittel, um die Blicke des Zuschauers zu lenken. Mit Digibeta-Kameras sind die Gestaltungsmöglichkeiten aufgrund besserer Objektive und größerer Chips höher, aber auch die VJ-Kamera liefert akzeptable

---

[151] vgl. http://www.digitalkamera.de/Tip/04/36-de.htm; Illustration nach MediaNord

Ergebnisse in der Schärfentiefe, wenn der VJ weiß, wie er sie beeinflussen und nutzen kann.

6.3. Grundlagen der Bildgestaltung

Wie bei der Sprache die Grammatik, gibt es auch beim Film Regeln für den Gebrauch der filmischen Sprache. Es gibt einen zeitlichen (Schnitt/Montage/Cutting/Editing) und einen räumlichen Aufbau (Mise en Scène). Ein Film zerlegt die Ereignisse/Handlung in kurze oder längere Einzelteile. Er ist zweidimensional, durch Bildkomposition wird ein Eindruck der Räumlichkeit geschaffen. Filmische Einheiten sind Einstellungen (kleinster Baustein: ein aufgenommenes Stück Film/Video ohne Unterbrechung), Takes (eine mehrmals gedrehte Einstellung), Szenen (aus der Theatersprache eine Handlungseinheit, ein kontinuierlicher Ablaufeindruck am selben Ort zur selben Zeit, der aus einer oder mehreren Einstellungen bestehen kann) und Sequenzen (Handlungseinheit, deren Abfolge der Ereignisse in Ort und/oder Zeit nicht kontinuierlich sind, trotzdem aber in gedanklichem Zusammenhang stehen).

Die Einstellungsgrößen vermitteln bestimmte Aussagen und sollten daher textlich unterstützt werden. Wichtig ist es, Text-Bild-Scheren zu vermeiden und im Text nicht genau das zu beschreiben, was schon auf dem Bild zu sehen ist. Zusatzinformationen sind wichtig.

Praktische Tipps   Seite 195

↑ Zunahme der Distanzierung ↑ Zunahme der Identifizierung

Weite Totale/Panoramaeinstellung: Meist bei Landschaften (Establishing Shot); distanzierter Bildtext, der einordnende Informationen enthält

Totale (T): Hauptmotiv in seiner Gesamtheit, Übersicht für Zuschauer; Bildtext gibt orientierende Informationen für den Zuschauer (wo, wer)

Halbtotale (HT): Etwas begrenzter Ausschnitt des Hauptmotivs; Textinformationen zu Ort/ Personen, die im Bild zu sehen sind

Halbnahe (HN): Hauptmotiv dominiert das Bild; Text wird emotional, hebt Details hervor

Nahe (N): Brustbild einer Person, Umgebung spielt kaum eine Rolle; Text nur dann, wenn Details nicht bekannt sind, ansonsten emotional

Groß (G)/Close (C): Einzelheit des Hauptmotivs (z. B. Kopf einer Person, Fenster eines Hauses etc.); emotionaler Text bei Gesichtern oder gar nichts

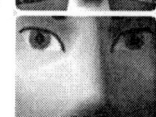

Ganz Groß (GG)/Detail (D): Konzentration auf extremen Ausschnitt (z. B. Auge, Mund, Hand, Türklinke, etc.); Stilmittel bei Einstieg in Beitrag, gut für Musikuntermalung

Besonderheit: Innerhalb eines Bildes mehrere Einstellungsgrößen; **Zoom:** Stufenlose Veränderung zwischen den Einstellungsgrößen

Abbildung 39: Besonderheiten und Aussagen der Einstellungsgrößen[152]

---

[152] vgl. http://www.mediamanual.at/mediamanual/leitfaden/filmgestaltung/grundelemente/sprache_des_films/einstellung02.php

Normale Perspektive: Augenhöhe eines erwachsenen Menschen; textlich keine Besonderheiten

Froschperspektive: Ungewohnte Sicht von unten, Eindruck von Wucht und Größe, erzeugt Gefühl von Unterlegenheit/Ehrfurcht/Angst beim Betrachter, gezeigte Person wirkt dominant, überlegen; Text muss dies unterstützen, oft karrikierende/augenzwinkernde Wirkung

Vogelperspektive: Freier Überblick über den Schauplatz, erzeugt Überlegenheitsgefühl beim Betrachter, da zu ihm aufgeblickt wird, gezeigte Personen wirken schwach; Text muss die Wirkung verstärken, auf keinen Fall dagegen

Schräge Einstellungen vermitteln einen irrealen Eindruck

Abbildung 40: Perspektiven vermitteln bestimmte Gefühle und Eindrücke[153]

6.4. Umgang mit der „Überforderung" beim Dreh

Ein VJ benutzt die Kamera als Verlängerung seiner Arme. Da sie klein und leicht zu bedienen ist, kann er damit schnell und unauffällig agieren und nah am Geschehen sein. Einige Schwierigkeiten bereitet es anfangs, die räumliche Distanz zu den Protagonisten zu überwinden, da mit einer DV-Kamera Nähe nicht durch Heranzoomen, sondern durch wirkliche Nähe geschaffen wird, weshalb sie so authentisch ist. Dies bedeutet, dass der Videojournalist selbst nah an seine Protagonisten heran muss, ihnen also im

---

[153] vgl. http://www.mediamanual.at/mediamanual/leitfaden/filmgestaltung/grundelemente/sprache_des_films/einstellung03.php

wahrsten Sinne „auf die Pelle rückt". Jeder Mensch hat aber eine naturgegebene „Fluchtdistanz" (Abstand, auf den sich ein fremder Mensch nähern darf, ohne ein unangenehmes Gefühl hervorzurufen). Diese muss erst überwunden werden, um die intimen Bilder zu bekommen. Wenn also Naheinstellungen erforderlich sind (und gerade dabei ist der VJ mit seiner kleinen Kamera im Vorteil, dies macht den Reiz dieser Produktionsform aus), darf das Objektiv nur wenige Zentimeter vom Protagonisten bzw. vom Ort des Geschehens entfernt sein.

Die Kamera sollte sich, sofern dies in der Drehsituation möglich ist, auf einem Stativ befinden. Durch das geringe Gewicht kann sie schlecht stabilisiert werden und Wackler in den Aufnahmen lassen sich nicht vermeiden. Sind Aufnahmen aus der Hand notwendig, um schnell auf das Geschehen reagieren zu können, empfiehlt es sich, die Kamera mit beiden Händen, die Ellenbogen aufgestützt auf den Bauch zu halten.

Im Vorfeld muss ein Videojournalist sich Gedanken über seine Story und seine Aufnahmen machen, da er sich vor Ort schon um viele andere Dinge kümmern muss. Der Dreh muss gut geplant sein, bei der Drehvorbereitung braucht der VJ also genug Zeit für Recherche und Organisation. Der Dreh sollte systematisch angegangen werden, immer nach dem gleichen bewährten Schema. Nicht sofort losdrehen, sondern erst die Situation auf sich wirken lassen. Auch die Umgebung beobachten und das Geschehen gedanklich in fünf bis acht Einstellungen aufteilen. Dabei immer der Intuition folgen, auf die natürlichen Instinkte achten (wann will ich mir das näher anschauen, wann will ich einen Überblick haben, etc.). So ergeben sich automatisch die richtigen Einstellungen.

Wichtig und oft vernachlässigt ist der Ton. Am Drehort also unbedingt auf Nebengeräusche und Atmo achten (Flugzeuge, Autobahn und sonstige Störgeräusche). Alles, was der Mensch unter natürlichen Bedingungen ausblenden kann, stört im Bild ungemein, da der Zusammenhang fehlt und die Wirklichkeit nur ausschnittsweise dargestellt wird (Flugzeug ist zu hören, im Bild aber nicht zu sehen, erzeugt Irritation beim Zuschauer). Lassen sich Nebengeräusche während des Drehs nicht vermeiden, sollte im Nachhinein noch ein bis zwei Minuten Stille aufgenommen werden, um den Ton gegebenenfalls an einigen Stellen zu ersetzen.

Die Handlung muss in Ereignisfolgen eingeteilt und aufgenommen werden (Totale, Halbnahe, Detail). Eine Aufnahme dauert mindestens fünf bis zehn Sekunden, um im Schnitt Futter für Blenden, Effekte etc. zu haben. Für Übergänge empfehlen sich neutrale Bilder, so genannte Schnittbilder, die nur Ausschnitte des Protagonisten (Hände, Augen) oder überhaupt keine Personen zeigen. Diese Einstellungen sind nicht an die Continuity (das Fortschreiten der Handlung in zeitlicher Richtigkeit) gebunden.

Schwenks über unbewegte Szenen sind tabu, sie wirken unmotiviert. Dynamik entsteht durch Bewegung im Bild, nicht durch Bewegen des Bildes. Diagonale Bewegung erzeugt durch die Größenveränderung die stärkste Dynamik im Bild.

Die Bewegungsachse wird vom sich bewegenden Objekt vorgegeben und darf von der Kamera im Normalfall nicht übertreten werden (Achsensprung: Person läuft im Bild plötzlich in die andere Richtung). In einigen Fällen (Kamera steht direkt auf der Bewegungsachse, Person geht „durch sie hindurch" oder das Objekt ändert im „on" seine Bewegungsrichtung selbst) ist der Achsensprung „legal". Achsensprünge werden oft bewusst eingesetzt, um den Zuschauer zu verwirren oder einen optischen Reiz zu bieten (Musikvideos).

Zum Schwenken kann die Bewegung einer Person aufgenommen und weitergeführt werden. Angesichts der leichten Ausrüstung sind gute Schwenks, die immer ein gewisses Gewicht für ruhige und ausgeglichene Bewegungen benötigen, auch nur mit viel Übung möglich, deshalb sind ruhige Einstellungen vorzuziehen. Ein Schwenk ist eine Kamerabewegung ohne Standpunktänderung. Ein beschreibender Schwenk (Panoramaschwenk) über eine Landschaft o. ä. dient der Übersicht. Schwenks gelingen nur mit Stativ und Weitwinkel, Start- und Endbild müssen vorher definiert werden. Vor und nach dem Schwenk empfiehlt es sich, mindestens fünf Sekunden Stillstand aufzunehmen, damit im Schnitt Futter vorhanden ist.

Schwenks entsprechen generell nicht den natürlichen Sehgewohnheiten, deshalb dürfen sie nur sparsam und dann auch nur in einer zumutbaren Geschwindigkeit eingesetzt werden. Schnelle Schwenks können als Sonderfall hektische und nervöse Ortswechsel symbolisieren oder als Hartschnitt-/Blendersatz benutzt werden (Reißschwenks: Verbindet zwei Motive durch eine gerissene Kamerabewegung, der Raum dazwischen ist nicht klar zu erkennen). Der Begleitschwenk folgt einem bewegten Objekt, der Hintergrund wird unruhig und verwischt. Die Schwenkgeschwindigkeit wird vom Objekt bestimmt, die Entfernung Objekt – Kamera ändert sich.

Bei der Kamerafahrt dagegen wechselt der Standort, die Kamera bewegt sich während der Einstellung vom ursprünglichen Standpunkt fort. Eine Parallelfahrt begleitet das Objekt, der Abstand Kamera – Objekt bleibt gleich. Ranfahrt oder Wegfahrt sind nicht durch einen Zoom zu ersetzen, da sich beim Zoom die Brennweite und damit die Perspektive der Umgebung und des Hintergrundes ändert. Bei der Fahrt verstärkt sich die Illusion der Bildtiefe. Ein Zoom ist das flächige Heranholen/Wegschieben des Objekts durch Veränderung der Brennweite. Interessante Effekte lassen sich durch gleichzeitiges Zoomen und Fahren erzielen (Vertigo-Effekt: Ranzoomen und Wegfahren, benannt nach dem Hitchcock-Klassiker Vertigo, wo dieser Effekt erstmals verwendet wurde).

Um die Bildkomposition interessant zu machen, muss aus einem zweidimensionalen Fernsehbild ein dreidimensionaler Eindruck entstehen. Ein Tiefeneindruck entsteht beispielsweise durch bekannte Größen und kleiner werdende Diagonalen. Akzente im Vordergrund beleben das Bild, Kontraste geben Tiefe und Schärfe lenkt das Auge des Betrachters. Der Goldene Schnitt gilt als ideales Seitenverhältnis. Neun gedachte gleiche Rechtecke unterteilen das Bild gemäß dem Strahlensatz a zu b ist gleich a+b zu a. Wichtige Bildelemente sollten an Schnittpunkten platziert werden.

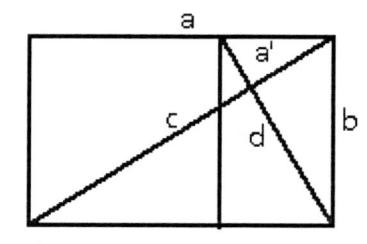

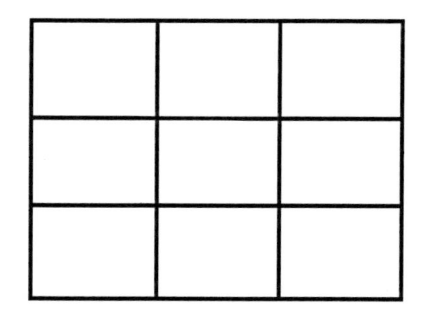

Abbildung 41: Der Goldene Schnitt als ideales Seitenverhältnis und ideale Bildaufteilung, eigene Darstellung

Dadurch entsteht eine angenehme Sehwahrnehmung. Um Unruhe in die Komposition zu bringen, können diese Regeln bewusst gebrochen werden.

Bei Nahaufnahmen sollten Kopf und Kinn nicht die Bildränder berühren. In Blickrichtung der Personen muss Luft gelassen werden. Gegenstände sollten den Leuten nicht „aus dem Kopf" wachsen (Person vor Laterne etc.). Bei Personengruppen dürfen Personen am Rand nicht abgeschnitten werden. Um Tiefenwirkung zu erzielen empfiehlt sich eine Aufstellung hintereinander in die Tiefe, nicht nebeneinander. Die Bildfläche muss ausgewogen und harmonisch aufgeteilt werden, keine Zusammenballung in der Mitte, aber auch keine leere Mitte und Personen nur am Rand.

Personen sollten nie zu sehr im Profil gezeigt werden. Dadurch gehen Gesichtsausdruck und Minenspiel verloren.

Wichtiger Merksatz: Vordergrund macht Bild gesund! Also auf Belebung des Vordergrundes (vor allem bei Totalen) achten.

Beim Licht arbeiten VJs mit den gegebenen Verhältnissen, sie bringen nur ein Headlight mit zum Dreh. Trotzdem ist es wichtig, darauf zu achten, dass ein Führungslicht (bei Außendrehs meist die Sonne) durch einen Aufheller ausgeglichen wird, sonst entstehen harte, schwarze, kontrastlose Schatten, die eine DV-Kamera noch schlechter darstellen kann als eine Digibeta, die ein kontrastreicheres Bild zeigt. Ein Licht von hinten (Spitzlicht, Kicker) bringt Tiefe ins Bild. Hier ist Kreativität gefragt, nützlich sind meist Bürolampen, weiße T-Shirts oder Alufolie als Aufheller.

6.5. Kniffe im Schnitt

Schnitt (= Cutting/Editing) bezeichnet die handwerkliche Tätigkeit und kommt noch vom klassischen Filmschnitt. Dort wurde das Material mit einer Schere auseinander geschnitten und an den entsprechenden Stellen wieder geklebt. Montage bedeutet das sinnvolle Aneinanderschneiden des Materials, sie legt die Dauer und die Funktion der einzelnen Einstellungen fest, eine Geschichte entsteht. Auch im Schnitt gibt es bestimmte gestalterische Regeln.

Der Hartschnitt wird eingesetzt, wenn die Handlung ununterbrochen fortschreitet und keine Zeitdifferenz zwischen den Einstellungen auftritt. Überblendungen werden genutzt, um Zeitdifferenz oder Szenenwechsel zu verdeutlichen. Ab- und Aufblende stehen jeweils am Anfang bzw. am Ende eines Akts und dienen der Überbrückung größerer Zeitdifferenzen.

Bei Aufblenden am Anfang niemals Bild vor Ton einblenden. Die Dialoge sollten nicht gleich mit dem ersten Bild starten, das kann Probleme beim Senden geben, wenn beispielsweise der Beitrag nicht rechtzeitig abgefahren wird, sondern eine Verzögerung eintritt. Der Zuschauer bekommt dann die Information im ersten Satz nicht mit.

Bild und Ton sind Partner, keine Rivalen. Schrift und Titel müssen sich deutlich vom Hintergrund abheben, um lesbar zu sein. Auf Musik sollte rhythmisch geschnitten oder geblendet werden. Die Länge einer Überblendung liegt normalerweise bei ein bis drei Sekunden, Ausnahme sind Titelüberblendungen (können wesentlich länger dauern) und "Weißblitze" im Interview (Dauer standardmäßig drei Frames/Bilder). Schnitte und Überblendungen von bewegter Kamera auf eine andere bewegte oder feststehende Kamera sollten vermieden werden. Unauffällig sind Schnitte dann, wenn keine Bewegung im Bild stattfindet. Schnitte während der Dialoge sind nicht streng an das Ende von Rede/Gegenrede gebunden, oft ist es sogar interessant, die Reaktionen der Gesprächspartner zu zeigen.

Generell gilt: Nie ohne optische/akustische Motivation schneiden, blenden, schwenken oder fahren. Am Anfang einer Szene sollte möglichst bald eine Totale zur Orientierung für den Zuschauer gezeigt werden. Nach der Einführung einer Person möchte der Zuschauer möglichst bald eine Große wegen der Gesichtszüge sehen. Außer in Interviews und Gesprächsrunden mit verschiedenen Personen dürfen nie die gleichen oder nahezu ähnlichen Einstellungsgrößen hintereinander geschnitten werden. Immer mehrere Einstellungsgrößen dazwischen lassen, sonst „springt" das Bild. Die besten Schnitte sind immer die, die der Zuschauer nicht merkt.

Nach dem Schnitt folgen Vertonung und Tonmischung. Der Originalton (O-Ton) wird durch Musik und Geräusche unterstützt. Bei der Musikauswahl ist Sensibilität gefragt, sie vermittelt Stimmung und Kontinuität, muss also zur Stimmung des Beitrags passen. Musik unterliegt gewissen Schutzrechten (Urheber, Interpret, Verwertung). Sollten zusätzliche Geräusche benötigt werden, finden sich im Internet einige Geräuscharchive. In jedem größeren Sender und in jeder größeren Produktionsfirma gibt es aber auch CD-Archive mit Geräuschen. Sie verstärken die Realitätsempfindung, wenn die Geräuschquelle im Bild ist und ersetzen Bilder, die zu teuer für den Dreh waren (zum Beispiel Autounfall), indem die Geräusche aus dem „off" kommen (Geräuschquelle ist nicht im Bild sichtbar, sondern nur hörbar, die Fantasie der Zuschauer erledigt den Rest). Teilweise ist es nötig, nachträglich Geräusche im Tonstudio aufzunehmen und einzelne Dialoge nachzusynchronisieren (unsaubere Aufnahmen beim Dreh etc.). Die Sprechervertonung ist die letzte Station, wenn der Film fertig geschnitten ist. Die abschließende Tonmischung bringt die Pegel aller Tonspuren in die richtigen Lautstärkeverhältnisse (Auspegeln).

Danach kann der Beitrag abgenommen werden und – sofern es keine Einwände gibt – auf Sendung gehen.

Und wie überall sind auch hier die Regeln da, um gebrochen zu werden. Wichtig ist nur, die grundsätzliche Sprache der Bilder zu kennen und zu wissen, welche Seheindrücke sie beim Zuschauer verursachen. Kreativität und Experimentierfreude schließt das selbstverständlich nicht aus.

7. Fazit und Ausblick in die Zukunft

„In der heutigen Zeit kann es sich eigentlich niemand mehr leisten, Einsparpotenziale gleich welcher Art zu ignorieren."

Jan Metzger (Hessischer Rundfunk), 2004

Die Entwicklungen im Fernsehbereich brauchen Zeit. Das Medium an sich ist zwar sehr schnelllebig, allerdings sind die Strukturen dahinter gerade in Deutschland meist sehr festgefahren und reguliert. Dies ist durchaus auch positiv zu bewerten, denn das deutsche Fernsehen zählt zu den qualitativ hochwertigsten in Europa. Dennoch zwingen wirtschaftliche Gegebenheiten zum Umdenken. Die Technik macht eine andere und schlankere Produktionsform möglich, die – an den richtigen Stellen eingesetzt – sehr viele Vorteile bietet. Die historische Entwicklung zeigt, warum es an manchen Stellen so schwierig für neue Ideen und Konzepte ist, da Fernsehen von Anfang an mit großem Aufwand und sehr arbeitsteilig realisiert wurde und viele Spezialisten an der Produktion beteiligt waren. Diese fürchten nun um ihren Stellenwert beim Fernsehen und um ihren Arbeitsplatz.

Auf die Entwicklung des Videojournalismus kann auf drei Arten reagiert werden. Entweder sie wird ignoriert, was auf Dauer nicht funktioniert, weil sich nützliche Entwicklungen immer durchsetzen. Sie kann auch bekämpft werden, was sich nicht realisieren lässt, da der Aufwand zur Kontrolle des Materials, das von überall kommt (freie Autoren, Redakteure, Journalisten), viel zu groß ist. Die dritte Möglichkeit besteht darin, die Entwicklung zu akzeptieren und sie für sich zu nutzen.

Fazit und Ausblick in die Zukunft

Die Entwicklung geht hin zur kostengünstigen Fernsehproduktion, aber die Qualität darf sich dadurch nicht verschlechtern, darin sind sich alle Beteiligten einig.

EB-Teams: Jede Produktion ist aufwändig und teuer: drei Minuten kosten ~ 3.000 € (lohnt sich oft nicht), aber hohe Werbebudgets finanzieren die Produktionen

▼ ▼ ▼ ▼

Digitalisierung →	Geräte werden handlicher und leichter bedienbar
Wirtschaftskrise →	Sinkende Werbebudgets, fehlende Aufträge
Konvergenz →	Vernetzung verschiedener Plattformen
Resultat	Wirtschaftliche Notwendigkeit, kostengünstiger und effektiver zu produzieren → Berufsbild des Videojournalisten

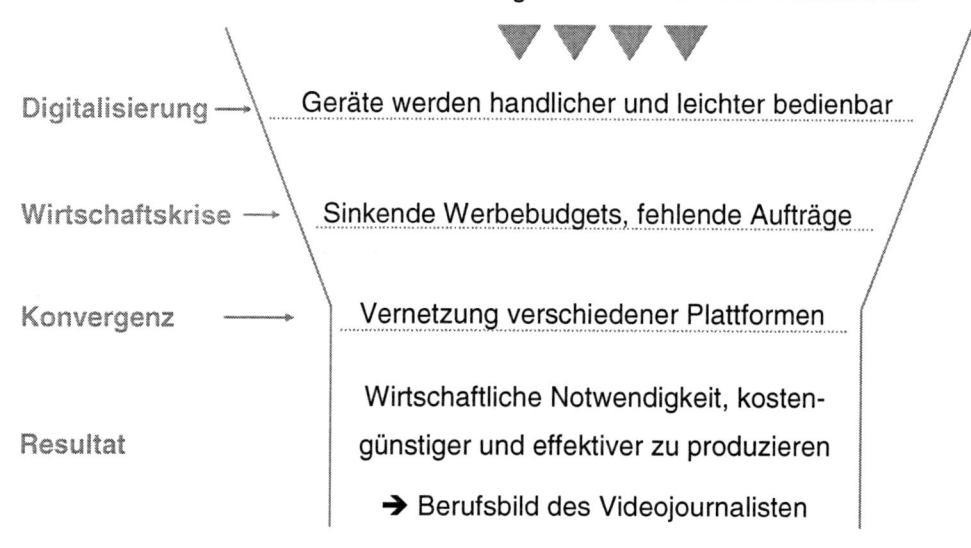

Abbildung 42: Entwicklung des Videojournalismus, eigene Darstellung

Fernsehen wird nach wie vor kein Medium für jedermann werden, gewisse technische und gestalterische Merkmale müssen auch in Zukunft eingehalten werden. Deshalb wird es auch immer aufwändige Produktionen geben, die ein Videojournalist alleine nicht realisieren kann.

In den letzten Jahren kämpfte der Videojournalismus mit seinem schlechten Ruf, war als Produktionsform in Redaktionen nicht gern gesehen und hatte ein schlechtes Image. Dies resultierte weitgehend aus Unerfahrenheit, Vorurteilen und Ängsten. Der Videojournalist wird nach Expertenmeinung in keiner der großen Sendeanstalten die EB-Produktionsweise verdrängen. Kleinere, lokale Sendeanstalten und Produktionsunternehmen sind aber hauptsächlich aus Kostengründen auf Videojournalisten angewiesen.

In keinem Unternehmen, wo Videojournalisten als Ersatz für EB-Teams und aus reiner Kosteneinsparung eingesetzt werden sollten, waren diese Versuche von Erfolg gekrönt. Ein Videojournalist ist kein Ersatz für ein Drei-Mann-Team. Die Chancen des Videojournalismus liegen dagegen in den neuen Gestaltungsmöglichkeiten, den neuen Sichtweisen und der kostengünstigen lokalen Berichterstattung.

Mit der bis 2010 angestrebten vollständigen Digitalisierung der Übertragungswege entstehen höhere Verbreitungskosten und vermehrter Programmbedarf für mehr Übertragungskanäle. Aber nur wenige dieser Kanäle werden im GfK-Panel eine Rolle spielen, da die Marktanteile aufgrund des sehr speziellen Programms (Zielgruppenprogramm, Spartenkanäle) verschwindend gering sein werden. Somit wird sich das Programm kaum aus Werbeeinnahmen refinanzieren lassen und aufwändige Produktionen gar nicht erst möglich machen. Es wird vermutlich zu einer stärkeren Regionalisierung und Zielgruppenansprache des Fernsehens kommen. Die großen Sendeanstalten werden trotzdem weiterhin, ähnlich wie im Radiobereich, ihre Marktanteile verteidigen und massentaugliches Programm anbieten.

Die Inhalte müssen angesichts der wachsenden Konkurrenz und der zunehmend schwieriger werdenden wirtschaftlichen Situation ansprechend, aber kosten- und produktionseffizient sein. Werden die Produktionsbedingungen jedoch nicht auf die Möglichkeiten der Videojournalisten zugeschnitten, ist das Ergebnis nicht zufrieden stellend. Durch den Druck, wie ein EB-Team zu produzieren, leidet die Qualität, denn diesen Ansprüchen kann einer alleine nicht gerecht werden. Auch die hohe Aktualität, geschaffen durch Medien wie das Internet, bereitet Videojournalisten Probleme, da sie die anfallenden Arbeiten nicht parallel erledigen können, sondern eines nach dem anderen machen müssen. Deshalb bleibt oft wenig Zeit für sorgfältige Recherchen, die Produktion wird oberflächlich. Der Videojournalist muss aus dem Schatten der EB-Produktion heraustreten, seinen eigenen Weg gehen und sich selbst entfalten.

Dass dieser Weg durchaus attraktiv und ästhetisch sein kann, beweisen viele Reportagen, die ohne Videojournalisten nie hätten realisiert werden können. Natürlich ist nicht jeder für diesen Job geeignet, aber es gibt viele Videojournalisten, denen diese Arbeit Spaß macht und dieser Spaß zeigt sich auch im Endprodukt.

Die Einsatzgebiete der Videojournalisten lassen sich nicht eindeutig eingrenzen, in verschiedenen Projekten haben sie ihre Vielfältigkeit bewiesen. Neue digitale Workflows werden vor allem durch die Vernetzung von Computern- und Fernsehstandards interessant. Die Fernsehproduktion wird tapeless, Videodaten werden auf Festplatten oder DVDs direkt in der Kamera gespeichert, digital über FireWire auf den Computer gespielt, geschnitten und über einen Server auf Sendung gebracht. Das alte Magnetband dient allenfalls noch als Speichermedium.

Neue Übertragungswege und Endgeräte (Handy, Internet) schaffen eine neue Art von Fernsehen, die in der Zukunft möglicherweise das klassische Fernsehgerät verdrängen wird. Die gesamte Gesellschaft wird multimedialer und mobiler. Die Werbetreibenden suchen nach neuen Wegen und Möglichkeiten, die Konsumenten anzusprechen. Der Videojournalismus bietet eine dieser Möglichkeiten, zu einem angemessenen Preis dem Zuschauer ein interessantes Programm zu bieten und das Unternehmen auf den Markt konkurrenzfähig zu halten.

Die anfängliche Euphorie („Fernsehen wird demokratischer!"[154]), aber auch die Kritiken sind leiser geworden. Dies liegt vor allem an den vielen Projekten, die ein realistischeres Bild des Videojournalismus geschaffen haben. Inzwischen hat wohl jede Sendeanstalt gewisse Erfahrungen mit Videojournalisten. Das Angebot an VJ-Kursen, Seminaren, Workshops und sogar Vorlesungen und Studiengängen an Universitäten zum Thema Videojournalismus wächst kontinuierlich.

Inwieweit das Fernsehen dadurch demokratischer wird, ist Ansichtssache. Fernsehen für jedermann gibt es bisher jedenfalls nur im Internet. Die Produktions- und Übertragungskosten auf den Wegen des klassischen Fernsehens (Terrestrik, Kabel, Satellit) sind dafür noch zu hoch. Erkennbar sind allerdings eine wachsende Themenvielfalt und vermehrte lokale Berichterstattung. Letztendlich entscheiden aber immer noch Chefredakteure, was gesendet wird und was nicht. Ob sich ihre Gatekeeper-Funktion nach und nach auflösen wird, bleibt abzuwarten. Die Redaktionen haben

---

[154] Michael Rosenblum, 2003

aber durch VJs eine größere Auswahl bei der Material- und Themenbeschaffung sowie bei der Programmgestaltung.

Ungewiss ist weiterhin die Entwicklung des Fernsehstandards High Definition Television. Nachdem HDTV sich schon in den USA und in Japan durchgesetzt hat, ist es nur noch eine Frage der Zeit, bis sich auch in Deutschland diese Entwicklung vollzieht. Allerdings hängt viel von der Bereitschaft der Bevölkerung ab, sich die neuen Empfangsgeräte, die nicht gerade billig sind, zu kaufen. Aufgrund der höheren Qualität des Bildes wird es wieder zu anderen Qualitätsanforderungen und neuen Herausforderungen kommen. Das aktuelle Consumer-Equipment ist meistens schon auf HDV (Consumer-Standard im HDTV-Bereich) umschaltbar. Die VJs sind also für die Zukunft gerüstet.

Literaturverzeichnis

- Albert Abramson/Herwig Walitsch (2002): „Die Geschichte des Fernsehens". Paderborn, [Wilhelm Fink Verlag]

- Franz Barsig (1981): „Die öffentlich-rechtliche Illusion. Medienpolitik im Wandel". Köln, [Deutscher Institutsverlag]

- Tobias Behrens (1986): „Die Entstehung der Massenmedien in Deutschland. Ein Vergleich von Film, Hörfunk und Fernsehen und ein Ausblick auf die neuen Medien". Frankfurt am Main, [Verlag Peter Lang]

- Christopher Belz/Michael Haller/Armin Sellheim (1999): „Berufsbilder im Journalismus. Von den alten zu den neuen Medien". Konstanz, [UVK Medien]

- Bastian Clevé (2004): „Von der Idee zum Film. Produktionsmanagement für Film und Fernsehen". Gerlingen, [Bleicher Verlag]

- Thomas Fasching (1997): „Internet und Pädagogik". München, [KoPäd Verlag]

- Michael Haller (1999): „Methodisches Recherchieren". Konstanz, [UVK Medien]

- Michael Haller (1996): „Das Interview. Ein Handbuch für Journalisten". Konstanz, [UVK Medien]

- Hubert Henle (1998): „Das Tonstudio Handbuch". München, [GC Carstensen Verlag]

- Knut Hickethier, unter Mitarbeit von Peter Hoff (1998): „Geschichte des deutschen Fernsehens". Stuttgart, [J. B. Metzler Verlag]

- Wilhelm Keller (1983): „Hundert Jahre Fernsehen: 1883-1983". Berlin, [Vde Verlag]

Literaturverzeichnis

- Gerhard Maletzke (1963): „Psychologie der Massenkommunikation". Hamburg, [Verlag Hans-Bredow-Institut]
- Lynn Packer (1998): „Schreiben, drehen, schneiden. Die US-Norm für digitale TV-Berichterstattung. Bearbeitet für das deutsche Fernsehen". Berlin
- Heinz Pürer/Meinrad Rahofer/Claus Reitan, (2004): „Praktischer Journalismus". 5., völlig neue Auflage. Konstanz [UVK Medien]
- Walther von La Roche (2003): „Einführung in den praktischen Journalismus". 16. Auflage. München, [List Verlag]
- Ulrich Schmidt (2000): „Professionelle Videotechnik". 2., aktualisierte und erweiterte Auflage. Berlin, [Springer-Verlag]
- Wolf Schneider (1994): „Deutsch fürs Leben. Was die Schule zu lehren vergaß." [Rowohlt Taschenbuch Verlag]
- Wolf Schneider/Paul-Josef Raue (1998): „Handbuch des Journalismus". Reinbek, [Rowohlt Taschenbuch Verlag]
- Gerhard Schult/Axel Buchholz (2000): „Fernseh-Journalismus". 6., aktualisierte Auflage. München, [List Verlag]
- Dietrich Schwarzkopf (2001): „Geschichte des Fernsehens". In: Joachim-Felix Leonhard et al. (Hrsg.): „Medienwissenschaft. Ein Handbuch zur Entwicklung der Medien und Kommunikationsformen". Berlin, New York
- Robert Sturm/Jürgen Zirbik (1998): „Die Fernseh-Station. Ein Leitfaden für das Lokal- und Regionalfernsehen". Konstanz, [UVK Medien]
- Stefan Wachtel/Martin Ordolff (1997): „Texten für TV. Ein Leitfaden zu verständlichen Fernsehbeiträgen". München, [TR Verlagsunion]
- Johannes Weber (2002): „Handbuch der Film- und Videotechnik". 7., aktualisierte und erweiterte Auflage; München, [Franzis' Verlag]

Literaturverzeichnis

- Dushan Wegner (2004): „Der Videojournalist. Wie man mit DV-Kamera und Computer erfolgreich für das Fernsehen arbeitet". Gau-Heppenheim, [Mediabook-Verlag]
- Siegfried Weischenberg (1995): „Journalistik. Theorie und Praxis aktueller Medienkommunikation". Band 2. Opladen, [VS Verlag für Sozialwissenschaften]
- Andre Zalbertus, Michael Rosenblum (2003): Videojournalismus – Die digitale Revolution. Berlin, [Uni-Edition]
- Siegfried Zielinski (1986): Zur Geschichte des Videorecorders. Berlin, [Wissenschaftsverlag Spiess]

Zeitschriften/Broschüren

- European Broadcasting Union (EBU) (März 2005): „The use of DV compression with a sampling raster of 4:2:0 for professional acquisition". Geneva
- Franco Foraci (06/2004): „Selbst ist das Team". In: Cut. Frankfurt am Main, [Cut Media GmbH]
- Hessischer Rundfunk (2004): Pilotversuch Videojournalisten – Abschlussbericht. Frankfurt am Main
- Institut für Rundfunktechnik (2003): Technische Richtlinien zur Herstellung von Fernsehproduktionen für ARD, ZDF und ORF. München
- Nic Robertson (2005): „Kriegsreporter. Das Ding soll mich vor der Sonne schützen". In: F.A.Z. Nr. 134, 13.06.2005
- Diemut Roether (2002): „Ein Mann, ein Bild, ein Ton. Wie der Videojournalismus das Fernsehen verändert". In: epd Medien, Nr. 90/2002, [epd Medien]
- Rundfunkstaatsvertrag (2005): 8. Rundfunkänderungsstaatsvertrag der Bundesrepublik Deutschland
- Sachstandsbericht des Bundesministeriums für Wirtschaft und Technologie (BMWA), Stand September 2005: „Digitaler Hörfunk und digitales Fernsehen in Deutschland"
- SevenOne Media GmbH (2005): „TimeBudget 12 (1999-2005)"
- SevenOne Media GmbH (2006): „WirtschaftsReport. Monitoring: Wirtschaft und Werbemarkt im Frühjahr 2006". Marktanalyse

Literaturverzeichnis

Internetquellen

- AGF Arbeitsgemeinschaft Fernsehforschung (2002): Fernsehzuschauerforschung in Deutschland.

http://www.agf.de/showfile.phtml/agf/broschueren/agf_infobroschuere_2002.pdf?foid=11897. (Datum des Zugriffs: 09. August 2006)

- akademie.de (2004): Geschichte des Fernsehens.

http://www.lexikon-definition.de/Geschichte-des-Fernsehens.html. (Datum des Zugriffs: 09. August 2006)

- Allary Film, TV & Media (2004): Profi-DV-Kameras.

http://www.movie-college.com/filmschule/kamera/profi-dv.htm. (Datum des Zugriffs: 09. August 2006)

- Arbeitsgemeinschaft der Landesmedienanstalten in der Bundesrepublik Deutschland (ALM).

http://www.alm.de/fileadmin/user_upload/tkdoku.doc (Datum des Zugriffs: 09. August 2006)

- AZ MEDIA AG (2004): Trainee-Programm für Videojournalisten.

http://www.azmedia.de. (Datum des Zugriffs: 09. August 2006)

- Dr. Thomas Becker, Dr. Helmut Hauptmeler, Katja Helfers (2004): TV 2010 - Die Digitalisierung des Fernsehens.

http://www.sceneo.tv/downloads/TV_2010.pdf. (Datum des Zugriffs: 09. August 2006)

- Berliner Journalisten e. V. (2004): DJV-Resolution über Videojournalismus.

http://www.berliner-journalisten.de. (Datum des Zugriffs: 09. August 2006)

- Bundesministerium für Bildung, Wissenschaft und Kultur, Abteilung Medienpädagogik in Österreich (BMBWK).

http://www.mediamanual.at/mediamanual/leitfaden/filmgestaltung/grundelemente/sprache_des_films/index.php. (Datum des Zugriffs: 09. August 2006)

- Michael Büchner (2003): Die CCD-Kamera.

http://www.astronomie.de/fachbereiche/spektroskopie/einfuehrung/6-2-ccd.htm. (Datum des Zugriffs: 09. August 2006)

- Matthias Bürcher (1998): DV-Wörterbuch.

http://www.belle-nuit.com/dv/dvddix.html. (Datum des Zugriffs: 09. August 2006)

- Deutsches Fernsehmuseum.

http://www.fernsehmuseum.info/die-technik-story.0.html (Datum des Zugriffs: 09. August 2006)

- Digital Media for Artists.

http://www.dma.ufg.ac.at/dma/assets/11573/intern/nipkow.gif (Datum des Zugriffs: 09. August 2006)

- DIW Berlin (2004): Tendenzen der Wirtschaftsentwicklung 2006/2007.

http://www.diw.de/deutsch/produkte/publikationen/wochenberichte/jahrgang06/index.jsp. (Datum des Zugriffs: 09. August 2006)

- Film+Videoclub Ahrweiler-Bad Neuenahr e. V. (2004):Geschichte von Digital Video.

http://www.videoclub-ahrweiler.de/2dvc.htm. (Datum des Zugriffs: 09. August 2006)

- Gesellschaft für Unterhaltungselektronik.

Literaturverzeichnis

http://www.gfu.de/images/history/Nipkow2.gif (Datum des Zugriffs: 09. August 2006)

- Heise Zeitschriften Verlag.

http://www.heise.de/tp/r4/artikel/21/21722/1.html (Datum des Zugriffs: 09. August 2006)

- Bernd Kliebhan (2004): Werkzeuge für VeeJays. http://www.kliebhan.de/vj/ (Datum des Zugriffs: 09. August 2006)

- Kommunikationssatelliten.

http://www.schulmodell.de/astronomie/raumfahrt/komm2.htm (Datum des Zugriffs: 09.August 2006)

- LfM Landesanstalt für Medien NRW (2003): Anhörung über DVB-T

http://www.lfm-nrw.de/downloads/lt-dvbt-09052003.pdf. (Datum des Zugriffs: 09. August 2006)

- Filippo Lubiato (2004): Über die Macht der Medien und den Videojournalismus

http://www.clipclub.ch/html/trainings/documents/Videojournalismus.pdf. (Datum des Zugriffs: 09. August 2006)

- MediaNord eK. http://www.digitalkamera.de/Tip/04/36-de.htm (Datum des Zugriffs: 09. August 2006)

- New York 1 (Fernsehsender). http://www.ny1.com. (Datum des Zugriffs: 09. August 2006)

- Thomas Nowara: Professionelles Arbeiten mit DV.

- http://www.schnittpunkt.de/wissen/Fachartikel/Interview/DVprof.htm. (Datum des Zugriffs: 09. August 2006)

- Panasonic (2006): Kameradaten Panasonic AG DVX 100A

http://www.panasonic.com. (Datum des Zugriffs: 09. August 2006)

- PRIMEDIA Business Magazines & Media Inc. (2004): Video journalists extend reach of BBC without adding costs.

http://broadcastengineering.com/news/broadcasting_video_journalists_extend/. (Datum des Zugriffs: 09. August 2006)

- ProSieben Sat1 Media AG (2003): Roger Schawinski.

http://www.presseportal.de/story.htx?nr=506488&firmaid=21767. (Datum des Zugriffs: 09. August 2006)

- Rosenblum Associates (Michael Rosenblum).

http://www.rosenblumtv.com/biography.asp (Datum des Zugriffs: 09. August 2006)

- Sony Corporation of America (2006): Kameradaten Sony DSR-PD170P.

http://www.sony.com. (Datum des Zugriffs: 29. Oktober 2006)

- Tele Columbus GmbH & Co.KG: Geschichte der Kabelprojekte.

http://www.kabel-tv.de/produkte/history/history.php (Datum des Zugriffs: 09. August 2006)

- The Imaging Source Europe GmbH.

http://www.1394imaging.com/de/resources/whitepapers/download/basicopticswp.de.pdf. (Datum des Zugriffs: 09. August 2006)

- Stefan Uchrin: EDV-Tipp. http://www.edv-tipp.de/docs/einstiegsseite.htm (Datum des Zugriffs: 09. August 2006)

- uni-protokolle.de (2004): Fernsehen.

http://www.uni-protokolle.de/Lexikon/Fernsehen.html. (Datum des Zugriffs: 09. August 2006)

Sonstige Quellen

- Sebastian Daul, Ingo Ehrmann (2003): Die Digitalisierung des deutschen Fernsehmarktes – Entwicklung und potenzielle Auswirkungen auf die Marktakteure. Diplomarbeit Fachhochschule Stuttgart – Hochschule der Medien
- Daniela Bach (Bach.D@zdf.de), E-Mail vom 27.07.2006
- Reinhard Knör (knoer@irt.de), E-Mail vom 27.07.2006
- Seminarunterlagen der Abteilung Aus- und Fortbildung des ZDF (2003)

Verzeichnis der Schaubilder und Tabellen

Abbildung 1: Schematische Darstellung der Bildaufnahme und Übertragung mit einer Nipkow-Scheibe.. 24

Abbildung 2: Mit einer Nipkow-Scheibe abgetastetes Bild......................... 25

Abbildung 3: Abtastung und Quantisierung eines analogen Sinussignals, schematische Darstellung... 60

Abbildung 4: Vergleich der Abtaststrukturen 66

Abbildung 5: Spurlage beim DV-Format, vereinfachte Darstellung 69

Abbildung 6: Intraframe Makroblock-Shuffling bei DV................................. 72

Abbildung 7: Funktionsdiagramm der DV-Kompression mit 25 Mbit/s 73

Abbildung 8: Spurlage bei Digital Betacam 80

Abbildung 9: Spurlage bei Betacam SP... 82

Abbildung 10: Aufbau des MOS-Kondensators 86

Abbildung 11: Ladungstransfer zwischen CCD-Zellen (3-Phasenbetrieb)... 86

Abbildung 12: Bildwandlerflächen 89

Abbildung 13: Digital Image Stabilizer Prinzip... 90

Abbildung 14: Strahlteilerprisma... 91

Abbildung 15: Frame Interline Transfer-Prinzip.. 98

Abbildung 16: Verschiedene Linsentypen 99

Abbildung 17: Brennweite und Brennpunkt einer Linse............................ 100

Abbildung 18: Verschiedene Richtcharakteristiken 103

Abbildung 19: Prinzip des Kondensatormikrofons.................................... 104

Verzeichnis der Tabellen und Schaubilder

Abbildung 20: Prinzip des dynamischen Mikrofons 106

Abbildung 21: RGB-Farbraum im E'_Y-E'_{CR}-E'_{CB}-Farbraum 111

Abbildung 22: Entwicklung Nettowerbeinvestitionen, Quelle: ZAW 131

Abbildung 23: Entwicklung Online-Bruttowerbeinvestitionen, basierend auf der Meldung von 26 Vermarktern, Quelle: Nielsen Media Research 134

Abbildung 24: Produktionsablauf im Fernsehjournalismus, eigene Darstellung ... 143

Abbildung 25: AIDA-Prinzip im Fernsehen, eigene Darstellung 146

Abbildung 26: Aufgaben und Pflichten eines Journalisten, eigene Darstellung 147

Abbildung 27: Organisation in der Drehvorbereitung, eigene Darstellung 149

Abbildung 28: Sony DSR-PD170P   Panasonic AG DVX 100A................................ 160

Abbildung 29: Spektrum elektromagnetischer Wellen 185

Abbildung 30: Zerlegung von weißem Licht in seine Spektralfarben 185

Abbildung 31: Additive und subtraktive Farbmischung 186

Abbildung 32: Verschiedene Lichtquellen und ihre Farbtemperaturen, eigene Zusammenstellung 187

Abbildung 33: Abbildung einer Lichtquelle auf der Abbildungsebene 188

Abbildung 34: Gegenstand wird auf Abbildungsebene abgebildet 189

Abbildung 35: Verschiedene Objektivtypen (schematisch), eigene Darstellung 190

Abbildung 36: Darstellung des Unschärfekreises, eigene Darstellung 191

Abbildung 37: Veränderung der Schärfentiefe in Abhängigkeit von der Blende .. 192

Abbildung 38: Blende, Entfernung und Brennweite beeinflussen die Schärfentiefe 193

Abbildung 39: Besonderheiten und Aussagen der Einstellungsgrößen 195

Abbildung 40: Perspektiven vermitteln bestimmte Gefühle und Eindrücke 196

Abbildung 41: Der Goldene Schnitt als ideales Seitenverhältnis und ideale Bildaufteilung, eigene Darstellung 201

Abbildung 42: Entwicklung des Videojournalismus, eigene Darstellung 209

Tabelle 1: Übersicht über wichtige Meilensteine der Fernsehgeräte-Entwicklung, eigene Zusammenstellung 45

Tabelle 2: Signalparameter einzelner Formate 64

Tabelle 3: Geometrische Parameter der diversen DV-Formate 70

Tabelle 4: Geometrische Parameter und Signalparameter 79